Lamin Sanneh

Kontinentalverschiebung des Glaubens
Die Entdeckung des Christentums in Afrika

Aus dem Amerikanischen übersetzt
von Christine Kubik

Edition Ruprecht
Inh. Dr. Reinhilde Ruprecht e.K.

Für die Umschlagabbildung wurden Fotos eines geschnitzten Leuchters aus Malawi (Privatbesitz) verwendet, © Evangelisch-lutherisches Missionswerk in Hermannsburg (ELM). Bibelzitate folgen in der Regel der Lutherbibel, revidierter Text 1984, durchgesehene Ausgabe in neuer Rechtschreibung © 1999 Deutsche Bibelgesellschaft Stuttgart.

Originalausgabe: Whose Religion is Christianity? The Gospel Beyond the West © 2003 Wm. B. Eerdmans Publishing Co., Grand Rapids/U.S.A. Herzlichen Dank für Beratung zur Übersetzung an Frank Aichele, Henning und Ursula Behrends, Martin Benhöfer, Michael Biehl, Thomas Kemper, Marianne Mühlenberg, Isolde Salisbury, Daniel J. Schmidt und Martin Tamcke!

Die Deutsche Nationalbibliothek verzeichnet diese Publikation in der Deutschen Nationalbibliografie; detaillierte Daten sind im Internet über http://dnb.ddb.de abrufbar.
Eine eBook-Ausgabe ist erhältlich unter DOI 10.2364/3846901540.

© Edition Ruprecht Inh. Dr. R. Ruprecht e.K., Postfach 17 16, 37007 Göttingen – 2013
www.edition-ruprecht.de

Alle Rechte vorbehalten. Das Werk einschließlich seiner Teile ist urheberrechtlich geschützt. Jede Verwertung außerhalb der engen Grenzen des Urheberrechtsgesetzes bedarf der vorherigen schriftlichen Zustimmung des Verlags. Diese ist auch erforderlich bei einer Nutzung für Lehr- und Unterrichtszwecke nach § 52a UrhG.

Satz: Christine Kubik
Layout: mm interaktiv, Dortmund
Umschlaggestaltung: klartext GmbH, Göttingen
Druck: Digital Print Group GmbH, Nürnberg

ISBN: 978-3-8469-0154-0 (Print), 978-3-8469-0155-7 (eBook)

Inhaltsverzeichnis

Vorwort der Übersetzerin 7

Danksagung 11

Einführung
Die Entdeckung des Evangeliums außerhalb der westlichen Welt 14
Fakten, die wir zur Kenntnis nehmen sollten 14

1. Der Wind weht, wo er will:
Christlicher Glaube als eine Weltreligion 28
   Teil I: Die alte Form des Christentums und die neue, bunte Form
   der Weltkirche 28
   Teil II: Bewertung und Feedback: 65

2. Wiederaneignung des christlichen Glaubens:
Die Bibel in der Muttersprache 77
   Teil I: Übersetzung und Erneuerung 77
   Teil II: Der Strom und seine Zuflüsse 85

Nachbemerkung zur Übersetzung 102

Literaturverzeichnis 103

Personen- und Sachregister 105

Vorwort der Übersetzerin
Eine Einführung für die deutschen Leser

Lamin Sanneh, der Autor dieses Buches, ist als Muslim im westafrikanischen Gambia aufgewachsen. Nach seiner Bekehrung zum Christentum ging er in die USA, um dort Theologie zu studieren. Heute ist er dort ein angesehener Professor der Missionstheologie, der an den Universitäten in Harvard und Yale lehrt.

Mit seinem Buch wendet Sanneh sich vor allem an Menschen, die in überseeischen Kirchen leben und arbeiten, aber auch an Menschen, die in weltlichen, sei es politischen, sei es ökonomischen Kontexten, in den entsprechenden Ländern arbeiten. Grundlage seines Buches sind seine Diskussionen mit Studierenden an der Universität, die er in Dialogform verarbeitet hat. Sein Anliegen ist es, Menschen in der westlichen Welt die Augen dafür zu öffnen, wie anders das Christentum in den Ländern Afrikas und Lateinamerikas erlebt wird und welche „Kontinentalverschiebung des Glaubens" dabei stattgefunden hat. Als gebürtigem Afrikaner liegt Sanneh dieser Kontinent besonders am Herzen, er öffnet aber als Professor für Missionstheologie in den USA den Blick auch für andere Gegenden dieser Welt.

Ich habe sein Buch ins Deutsche übersetzt, weil ich die Erfahrung gemacht habe, dass auch interessierte Leserinnen und Leser in Deutschland, die die Situation überseeischer Kirchen verstehen möchten, von dem Buch Sannehs großen Gewinn haben. Erlebt habe ich dies, als ich hier in Deutschland mit Menschen in Sannehs Buch las und darüber diskutierte, die selbst Missionare in Südafrika und Äthiopien kennen und mit ihnen Kontakt halten oder selbst einmal dort waren und mitgearbeitet haben. Dabei war das anspruchsvolle Englisch des Autors oftmals eine große Hürde. Deshalb möchte ich mit meiner Übersetzung die Gedanken dieses wichtigen Missionstheologen nun erstmals auch deutschsprachigen Lesern zugänglich machen. Mit Rücksicht auf die deutschen Lesegewohnheiten habe ich in der Einführung zum 1. Teil einige Umstellungen vorgenommen, wobei nun ein erst später im Text vorkommender Abschnitt den Anfang bildet.

Die vorliegende deutsche Übersetzung des Buches möchte neue Leserkreise erschließen. Zum Beispiel Menschen, mit und ohne kirchlichen Hintergrund, die eine Zeit in Ländern der Dritten Welt verbringen möchten und dort dem von Sanneh beschriebenen Christentum begegnen werden. Eine spannende Lektüre kann es ebenso sein für Kirchengemeinden, die Partnerschaften mit Gemeinden in afrikanischen Ländern haben; ebenso auch für Gruppen, die sich mit Fragen der Globalisierung beschäftigen. Und schließlich für Studierende der Theologie, der Religionspädagogik und Ethik, die nicht nur die Herkunft, sondern auch die Zukunft des Christentums in den Blick nehmen möchten.

Christine Kubik, Pädagogin, ist Mitglied der evangelischen Communität Koinonia. Da Mitglieder der Communität seit vielen Jahren in Südafrika tätig sind, hat Christine Kubik sich intensiv mit Kultur und Kirchen in Südafrika befasst. Ihr Wissen über die Situation des Christentums in Afrika hat sie durch Besuche und Gespräche mit Gemeinden und Missionstheologen in Südafrika und Äthiopien vertieft.

Dem Gedächtnis meiner Mutter
sowie anderer Opfer kultureller Unterdrückung

Not as we knew them any more,
Toilworn, and sad with burdened care –
Erect, clear-eyed, upon their brows
Thy name they bear.

Free from the fret of mortal years,
And knowing now Thy perfect will,
With quickened sense and heightened joy
They serve Thee still.

Nor know to what high purpose Thou
Dost yet employ their ripened powers,
Nor how at Thy behest they touch
This life of ours.[*]

[*] Eine Übersetzung dieses Textes folgt auf der nächsten Seite.

Übersetzung der Widmungsverse:

Nicht so, wie wir sie kannten, sind sie jetzt:
Zersorgt, bedrückt von schwerer Last -
Nein, aufrecht, hell, den Namen Dein
auf ihrer Stirn.

Von Sorgen, wie der Sterbliche
sie kennt, befreit; mit wachem Sinn,
erhöhter Freud dienen sie stets,
dem Willen Dein.

Wir wissen's nicht, zu welchem Ziel
Du ihre Kraft, zur Ernte reif, gebrauchst,
Noch, wie auf Dein Geheiß durch sie
berührt wird unser Leben.

Danksagung

Beim Schreiben dieses Buches haben mich viele Menschen unterstützt und ermutigt. Ihnen allen gilt mein Dank. Er geht auch an die vielen Studierenden, die ich an den beiden akademischen Institutionen kennen lernen durfte, an denen ich den größten Teil meiner beruflichen Laufbahn verbracht habe: Harvard und Yale. Auf meine Einladung zur kritischen Betrachtung des Themas „Christentum als eine Weltreligion" erhielt ich viele anregende Antworten, die in meine Ausführungen eingeflossen sind. Durch sie konnte ich einen Rahmen für die Annäherung über die Form eines Dialogs schaffen. Nichts Wertvolles in diesen kritischen Betrachtungen wollte ich verwerfen, nur mit dem Thema als solchem sollten sie etwas zu tun haben. Damals war mir noch nicht bewusst, dass sie nicht in der Stoffsammlung der Vorarbeiten verborgen bleiben, sondern zu einem signifikanten Teil des Themas selbst werden sollten. Daran sieht man die bemerkenswerte gedankliche Schärfe der Studenten, ganz zu schweigen von dem Glück für mich, dass ich auch nach geraumer Zeit wieder darauf zurückgreifen konnte. Ihre Ausführungen hatten nicht an Wert verloren. Ich habe viel von ihnen gelernt, und das ganz umsonst.

Auch von Kollegen in den weltlichen Disziplinen habe ich sehr profitiert, über Grenzen und Überzeugungen hinweg. Das Weltchristentum hat bis jetzt nur wenige der speziellen Regeln entwickelt, die den Rahmen für Gespräche innerhalb der Zunft bilden, und so war ich auf die Arbeit von Gelehrten angewiesen, denen man normalerweise nicht außerhalb ihres Fachgebiets begegnet. Vielleicht wird das Weltchristentum eines Tages seine eigenen akademischen Spielregeln bekommen, aber wenn das ein Ende des Austausches bedeuten sollte, dann möchte ich lieber, dass dieser Tag in weiter Ferne liegt. Freunde und Kollegen haben in mir die Freude an einem nach allen Seiten offenen Austausch geweckt.

In vielen Institutionen und auf Konferenzen konnte ich die Dialogmethode erproben. Die Teilnehmenden haben sich nicht nur darauf eingelassen, sondern mich ausgesprochen dazu ermutigt. Die Entscheidung, diesen Ansatz in die Buchform hinein weiterzuentwickeln, ist meiner Erfahrung bei etlichen solcher öffentlichen Auftritte geschuldet. Dabei wurde mir klar, dass den Menschen an der Verbindung zwischen akademischen Ideen und dem öffentlichen Interesse liegt. Auch Akademiker ermüden allzu leicht beim bloßen Hören von Vorträgen und sind dankbar, wenn man sie als Hörer in den Blick nimmt. Ich fühlte mich herausgefordert, das Gespräch zu einer gemeinsamen Bemühung zu machen und wollte mich nicht dem Vorwurf der Fachsimpelei aussetzen. Dabei machte ich die Entdeckung, dass ich durch dieDialogmethode zu einem

Teil der Hörerschaft wurde, so dass ich nicht mehr nur dozierte, sondern in ein Gespräch mit ihnen eintreten konnte. Das Thema wurde zu unserer gemeinsamen Sache.

Die Arbeit und der Rat vieler Menschen halfen mir, das Verständnis meines Themas zu vertiefen, unter ihnen Ken Goodpasture, Lesslie Newbigin, Stanley Samartha und Harold Turner, alle schon seligen Angedenkens; Jacob Ajayi, John Carman, Harvey Cox, Richard Niebuhr, Diana Eck, William Hutchinson, Paul Hanson, Gordon Kaufman, Kenneth Cragg, Andrew Walls, Paul Gifford, Meg Guider, Carol Delany, Peter Paris, Bill Burrows, Edith Blumhoeffer, Albrecht Hauser, Hans Haafkens, Patrick Ryan, S. J., Ian Maclain, Dale Irwin, Jacob Olupona, Todd Hartch, Lewis Rambo, Moonjang Lee, Kwame Bediako, Bill O'Brien, James Phillips, Jonathan Bonk und Robert Frickenberg. Von meinen Kollegen in Yale habe ich viel gelernt, besonders von Lee Keck, Gene Outka, Owen Fiss und Michael Holquist. Die Verantwortung für das Geschriebene liegt selbstverständlich bei mir.

Besonders möchte ich auch das Interesse und die ermutigende Unterstützung von Jon Pott, David Burke und Richard Gray hervorheben, die alle das Manuskript im Entwurf gelesen haben und mir wertvolle Anregungen gaben. Jon Pott erklärte sich sofort bereit, das Manuskript zu veröffentlichen.

Während ich dies Werk verfasste, spürte ich die liebevolle Anwesenheit Nunus, meiner längst verstorbenen Mutter In ihrem bedrückten und zugleich erfüllten Leben musste sie viel Elend, Misshandlungen und Vernachlässigung erdulden. Ein sinnloser Tod raffte sie viel zu früh dahin. Unter den Dornbäumen ihres Elends fand sie nur wenig Schatten. Doch Schwierigkeiten konnten sie nicht niederdrücken, vielmehr schienen sie ihr neue Kraft zu geben; sie kannte kein Zögern, wenn es galt, ihre Familie zu ernähren und sich ihren Freunden zu widmen und sie alle mit liebevoller Fürsorge zu umgeben. Besonders bewegt mich der Gedanke, wie schmerzlich es ihr wäre, die allzu langsame Veränderung im Leben ihrer Clanschwestern mitansehen zu müssen, die noch immer unter eben jenen schweren Lasten seufzen, unter denen sie zerbrach. Möge die himmlische Mutter sich der Sache all derer annehmen, die wie sie ohne Hoffnung und ohne Fürsprecher sind, und ihnen – im Schatten ihres weiten Mantels – einen Ort der Zuflucht bieten.

In Gesprächen zu Hause um den Esstisch erhielt ich von meiner Familie oft wertvolle Anregungen. K. hat mit viel Humor und Witz geschwollene Ausdrücke vereinfacht. Durch Sias organisierte Konzentration konnte man sehen, wie viele Pflichten man auf einmal erledigen kann, ohne allzu viele Fehler zu riskieren. Sand hat mir gezeigt, wie ein strukturierter Tag ohne Hast und Eile aussehen sollte. Dafür bin ich ihnen zutiefst dankbar und hoffe, dass der Geist des gemeinsamen Gesprächs, das wir brauchen wie das tägliche Brot, auch in diesem Buch gegenwärtig ist. In solchem Geist des Miteinanderteilens widme ich es jetzt dem Leser.

Einführung

Die Entdeckung des Evangeliums außerhalb der westlichen Welt

Fakten, die wir zur Kenntnis nehmen sollten

Seit Beginn des 21. Jahrhunderts nimmt das Wachstum des christlichen Glaubens kontinuierlich Fahrt auf. Durch den unverminderten Zustrom neuer Mitglieder platzen die Kirchen in Afrika und Asien aus allen Nähten. Merkwürdigerweise wurde uns seit den Siebziger Jahren weisgemacht, bis zum Ende des Jahrhunderts sei eine ständige Abnahme der Zahl der Christen zu erwarten. Ein wieder erstarkter Islam werde das Schicksal der Kirche besiegeln. Schon bei der 1. ökumenischen Konferenz 1910 in Edinburgh z.B hatte John Mott verkündet, die Übernahme Afrikas durch den Islam sei zu erwarten. So ist die Ausbreitung des christlichen Glaubens am Ende des 20. Jahrhunderts ganz unvorhergesehen gekommen, was uns zu einer gründlichen Untersuchung der Gründe dafür zwingt. Wir müssen uns fragen: Welche Anzeichen für einen Übergang in eine neue Ära der Geschichte des Christentums gibt es? Neue Gemeinschaften haben sich dem christlichen Glauben zugewandt. Das hat Auswirkungen auf ein neues Verständnis des Evangeliums in der Weltgeschichte.

Die Fakten dieser Ausbreitung sind kaum zu bezweifeln: 1900, als Afrika fest in der Hand der Kolonialmächte war, gab es in Afrika 8,7 Millionen Christen, ungefähr 9 % der Gesamtbevölkerung von 107,86 Mill. Die meisten Christen waren Kopten und äthiopische Orthodoxe. Mit 34,5 Mill., also 32 % der Bevölkerung, übertrafen die Muslime die Zahl der Christen nahezu um das Vierfache. 1962, als Afrika die Kolonialherrschaft größtenteils abgeworfen hatte, gab es etwa 60 Mill. Christen und 145 Mill. Muslime. 23 Mill. der Christen waren Protestanten, 27 Mill. Katholiken, die restlichen 10 Mill. Kopten und äthiopische Orthodoxe.

Spätestens 1985 war klar, dass es in Afrika eine ziemlich starke Ausbreitung des christlichen Glaubens gab. Dies stand im Widerspruch zu dem vorherrschenden Pessimismus über den bevorstehenden Kollaps der unabhängig gewordenen Staaten und dem schwindenden Vertrauen auf die Kirche in Europa. Ohne darauf vorbereitet zu sein, fanden sich die Kirchen in Afrika nach dem Zusammenbrechen der staatlichen Institutionen als die einzig verbliebene funktionsfähige Struktur vor. Sie hatten eine unverhältnismäßig große Last aus den Problemen ihrer Gesellschaften zu schultern. Dabei war es eine Ironie des Schicksals, dass die afrikanischen Christen überwiegend aus den armen und marginalisierten Schichten kamen. Um 1985 gab es über 16.500 Bekehrungen pro Tag, ein jährlicher Zuwachs von mehr als 6 Millionen. Im selben Zeitraum (also von 1970 bis 1985) verließen in Europa und Amerika etwa 4.300 Menschen täglich die Kirche. Diese Zahlen konnte jeder aus Quellen der UN bzw. dem *Europa Sourcebook* entnehmen, aber die Bedeutung dieser Daten ist in großen Teilen der Welt nicht angekommen.[1]

Schwindender Glaube in der westlichen Welt

Im Westen hat der momentane weltweite Aufschwung des christlichen Glaubens innerhalb kirchlicher und theologischer Kreise Skepsis hervorgerufen, eine Skepsis, die Natur, Umfang, Resultat und Implikationen christlichen Wachstums betrifft. Für viele Autoren gilt, dass wir in einer nachchristlichen Welt leben und dass, dank unumkehrbarer Säkularisierung, christliche Überzeugungen die Herrschaft über unsere Gesellschaft verloren haben. Sie erinnern uns daran, dass die Menschheit in der melancholischen Erkenntnis ihrer Endlichkeit über ihr Ende brütete, was aber an Bedeutung verloren habe. Wir erinnern uns an unseren schicksalsvollen Eintritt in die Mündigkeit, bei dem der Teufel, der uns unsere ganze Kindheit durch geplagt hatte, Selbstmord beging, weil wir in den Genuss von naturwissenschaftlichen und technischen Erkenntnissen gekommen waren. Dieser machtvolle Moment habe zum modernen Humanismus mit seinen enormen liberalen Gewinnen geführt. Damit sei das Schicksal des Christentums besiegelt, mit Ausnahme von privater Frömmigkeit, die nicht mit Unterdrückung oder ewiger Verdammnis droht. Der Tanz ums Goldene Kalb habe die Himmelsherrschaft beendete, und die europäische Welt fühle sich mit Hilfe von Welthandel und Wissenschaft gewappnet gegen die Drohungen des ewigen Lebens. In unserer Geistesland-

---

1   S. *World Christian Handbook*, hg. H. Wakelin Coxill/Sir Kenneth Grubb (London: Lutterworth, 1967); World Christian Encyclopedia: A Comprehensive Survey of Churches and Religions in the Modern World, ed. David B. Barrett, George T. Kurian und Todd M. Johnson, 2. Aufl. (New York: Oxford University Press, 2001) Bd.1, The World by Countries: Religionists, Churches, Ministries, Bd.2. The World by Segments: Religions, Peoples, Languages, Cities, Topics. Michael J. McClymond, „Making Sense of the Census, or What 1,999,563,838 Christians Might Mean for the Study of Religion," Journal of the American Academy of Religion, Bd.70, Nr. 4, Dez. 2002, 875–90.

schaft finden wir keine Kirchtürme mehr als Anhaltspunkte, auch ohne den Vorwurf der Pädophilie innerhalb der katholischen Kirche und ihrer Strategien zur Vertuschung. So viel zu Kirche als bedeutender Institution. Dass Kinder aus Furcht vor dem Nikolaus nicht gut schlafen können, ist schließlich nicht mit der Angst vor Tod und Teufel und Hölle zu vergleichen.

Dies alles bietet keine guten Auspizien in der westlichen Welt für den weltweiten Aufschwung des christlichen Glaubens. Skeptiker favorisieren die Globalisierung, die den Aufschwung neutralisieren werde, oder sie stellen ihn, um ihn an der Wurzel zu packen, dem kämpferischen Islam gegenüber. Jedenfalls, der Triumph des säkularen, demokratischen Liberalismus, ist für den Prozess, Religion in Misskredit zu bringen, verantwortlich. Wenn sich der Wirbel gelegt hat, werde sie das Feld ihrem erfolgreichen Nachfolger überlassen.

Die Skeptiker fügen hinzu, der Westen könne sich die Geschichte vom Aufschwung des christlichen Glaubens leisten, er werde wenig Aufmerksamkeit erregen angesichts der glanzvollen weltlichen Kultur. Das Thema Weltchristentum könne allmählich unter einer Decke wohlwollender Vernachlässigung verschwinden.

Gegenläufige Entwicklungen

Dem Vertrauen unserer Zeitgenossen auf die Bestimmung des Westens zur Säkularität als einer höheren Stufe der menschlichen Zivilisation steht unübersehbar das Wiedererwachen des christlichen Glaubens als einer Weltreligion gegenüber. Es sind geradezu zwei Ströme, die im selben Flussbett in entgegengesetzte Richtungen fließen. Vielleicht haben die beiden Flüsse mehr gemeinsam, als man erkennen kann: Als ob der Schwung der Säkularisierung die Leere füllte, die die Religion zurückgelassen hat, während das Wiedererstarken der Religion in Gesellschaften, die von der Säkularisierung noch nicht berührt sind, seinen Weg nimmt. Wie dem auch sei, uns soll es jetzt um das überraschende Ausmaß und die Tiefe des weltweiten Aufschwungs des christlichen Glaubens gehen. Dies Erwachen scheint sich ohne westliche Organisationsstrukturen – akademische Anerkennung inbegriffen – weiterzuentwickeln. Es begegnet inmitten politischer Instabilität, ja, inmitten des Zusammenbruchs staatlicher Institutionen. Auch das meint man, wenn man von einem nachwestlichen Christentum redet. Selbst Kirchenführer sind nicht in der Lage gewesen, die Größe des Erstarkens gänzlich zu erfassen, geschweige denn, wirkungsvoll darauf zu reagieren. In manchen Gegenden ist es, als ob man von einer Flutwelle getroffen würde und den Halt verlöre. Tatsache ist, dass eine verfasste Form von Kirche diesen Schwung mit noch so großem Aufwand nicht in den Griff bekommen wird. Bis das Tempo dieses Aufschwungs nachlässt und die Kirchen wieder Atem schöpfen können, wird man notwendigerweise provisorische Stützpunkte schaffen und die Neubekehrten unkonventionell unterbringen müssen.

Auch die zunehmende Präsenz von neuen religiösen Bewegungen in den Städten des Westens weist uns hin auf das, was in der Welt vor sich geht. An so verschiedenen Orten wie Paris, Amsterdam, Glasgow, London, New York, Atlanta, Washington D.C., Chicago und Los Angeles, ja selbst Moskau sind neue charismatische Heilungskirchen als Ableger dieses weltweiten Erstarkens entstanden. Öfter hört man, dass sich Menschen, die neben den Versammlungsräumen solcher religiösen Gruppen wohnen, über das Schreien und Singen, das aus ihren Kirchen dringt, derart aufregen, dass sie die Polizei holen. Ist Gott so taub, dass man ihn wie einen Irren anschreien muss? fragen sie empört. Die Behörden scheinen um Antworten verlegen zu sein, denn eine Anklage wegen Erregung öffentlichen Ärgernisses scheint übertrieben. Auch die Kirchen und ihre Institutionen können nicht besser damit umgehen. Kein vernünftiger Mensch, so ist die verbreitete Meinung, kann es anders sehen, als dass Religion am besten mit der sonntäglichen Abenddämmerung verschwinden sollte.

Wie können wir die christliche Religion angemessen betrachten?

Wenn wir die Geschichte des christlichen Glaubens als einer Weltreligion erzählen wollen, müssen wir die Kluft zwischen einem starken Säkularismus und einer zurückgezogenen privaten Frömmigkeit zu schließen versuchen. Dabei wollen wir die Fallstricke der theologischen Kontextualisierung vermeiden, wonach der „Kontext" bestimmt, was wir in der Religion wertschätzen und was nicht. Denn Kontext ist nichts Passives, er hat seinerseits immer schon bestimmte Prämissen und ist daher immer bereit, alle Ansprüche, die ihm begegnen, anzufechten. Kontexte sind strategische Konstrukte. Dies muss man bei Einbeziehung des Kontextes immer im Auge haben. Am besten betrachten wir Religion als eine Kategorie *sui generis*. Dies kann man tun, indem man die religiösen Ziele und die dazugehörigen Zeichen, Riten und Symbole hervorhebt. Oder indem man Acht gibt auf das, was religiöse Menschen denken und wie sie handeln. Gedanken, Absichten und Handlungen bilden zusammen die personale Seite der Religion, während Institutionen, Strukturen und Organisation ihre soziale und öffentliche Seite ausmachen.

Mithilfe dieser Sicht kann ich das Thema des Christentums als einer Weltreligion entwickeln und darstellen. Weil Religion alles durchdringt, kann man sie nicht auf persönliche Gewohnheiten oder Vorlieben beschränken, auch wenn die persönliche Überzeugung natürlich ein zentraler Aspekt dabei ist. Religion ist so verwachsen mit unsern Wurzeln, dass es hieße, sich über die Realität vollständig hinwegzusetzen, wenn man versuchen wollte, sie zu verleugnen oder sie nur für eine Seite zu beanspruchen oder sie auf persönliche Lust und Laune zu reduzieren. Das weltweite Erstarken des christlichen Glaubens ist Beweis genug dafür, dass Religion ethnische, nationale und kulturelle Grenzen überschreitet.

Wird sich der Säkularismus weiterentwickeln?

Quer zu diesen Grenzen ethnischer, nationaler und kultureller Identität findet eine neue Begegnung des Christentums mit dem Säkularismus statt. Was dabei herauskommt, wird von äußeren Kräften ebenso beeinflusst werden wie von inneren. Dementsprechend wird die interkulturelle Begegnung neue Realitäten im Bereich der Kommunikation erzeugen. Es ist nicht unwahrscheinlich, dass diese den Individualismus trotz seiner tiefen Wurzeln in der säkularen Autonomie verändern werden.[2] Soziales Bezogensein wird sich höchstwahrscheinlich gegen den emanzipierten Individualismus durchsetzen; und wenn der Säkularismus in dem weltweiten Erstarken des christlichen Glaubens eben dem Umfeld begegnet, das ihn einst hervorgebracht hat, mag es tatsächlich so kommen, dass er sich weiterentwickelt.

---

2 In einem geistvollen Essay im *Atlantic Monthly* schreibt David Brooks, ein Kommentator und Herausgeber des *Weekly Standard*, dass Säkularismus eine fehlerhafte Lesart von Religion darstellt, dass eine Gesellschaft, die reicher und gebildeter wird, weniger religiös wird. Zum Beweis führt er an, dass die Denominationen, die gewachsen sind, diejenigen waren, die den aufgeklärten Säkularismus abgelehnt haben, während es in den Kirchen, die auf der Seite von Fortschritt und Modernität stehen, Rückgang gab. 1942 hatte der *Atlantic Monthly* einen Artikel publiziert, in dem das Ende der christlichen Kirche vorausgesagt wurde. Im Oktober 2002 publizierte dasselbe Magazin einen Artikel, der das neue Wiedererstarken des christlichen Glaubens in aller Welt beschrieb. Brooks drückt Frustration über die „säkularen Fundamentalisten aus, die sich mit einer selbstgefälligen Ignoranz bezüglich des enormen Wechsels um sie herum zufrieden geben. ... Über sie stürzt ein mächtiger Wasserfall religiöser Leidenschaft herab und sie stehen borniert und trocken in dem winzigen Käfig ihres eigenen Kirchturmdenkens." David Brooks, „Kicking the Secularist Habit: A Six-Step Program," Atlantic Monthly, March 2003, 26–27.

Denn es ist ja so, dass die säkulare Option dem christlichen Glauben gar nicht fremd ist, vielmehr einen Wesenszug der christlichen Religion darstellt. Ursprünglich zog der Glaube nämlich eine Grenze zwischen Gott und dem Kaiser, und die Gläubigen lernten, ihre Hoffnung auf das Reich einer anderen Welt zu setzen. In jener Welt konnte das Schwert des Kaisers nichts ausrichten. Nachdem die christliche Religion erst einmal auf die Erfolge des weltlichen Reiches und seiner Gesetze hereingefallen war, war Säkularisierung als eine sanfte Option die Weise, wie sie die Garantien der staatlichen Macht wieder loswurde. Diese sanfte Säkularisierung erreichte gleichzeitig zwei Ziele: Sie erhob das autonome Gewissen in Glaubensdingen zum obersten Gesetz, und sie führte zur Begrenzung von Herrschaft in der Gesellschaft. In einem Zuge wurden die christliche Religion von der Last weltlicher Gewalt und die weltliche Herrschaft von der Last des göttlichen Auftrags befreit. Das Resultat dieser doppelten Befreiung war, zumindest in den Vereinigten Staaten, die liberale Demokratie, die indirekt der Zwei-Reiche-Lehre entspross. Amerika blieb eine Zeitlang von den antireligiösen Exzessen der Französischen Revolution verschont. George Washington wurde nicht der Napoleon der Neuen Welt, sondern ganz im Gegenteil ein Symbol der Freiheit. Seine Bescheidenheit machte ihn immun gegen Größenwahn. „Es tröstet mich zu wissen", sagte George Washington in seiner Abschiedsrede 1796, „dass der Patriotismus nicht verbietet, was mir die Klugheit gebietet, nämlich die politische Bühne zu verlassen."

Im Falle Frankreichs kam ein knallharter Säkularismus auf und forderte ein Eigenleben, in dem die weltliche Gerichtsbarkeit sich ausbreitete, so dass die christliche Religion sich unterwerfen musste. Gott wurde zum Privatvergnügen, der Nationalstaat löste ihn als Quelle der Wahrheit und Objekt der Verehrung ab. („Die Nation existiert vor allem, sie ist der Ursprung von allem ... sie ist das Gesetz selbst", sagte Abbé Sieyès 1789). Der Säkularismus beförderte eine Zivilreligion und brachte eine schlüssige Theorie der öffentlichen Vernunft hervor. So mit staatlicher Macht ausgerüstet, wurde der Säkularismus kämpferisch. Die christliche Religion wurde auf eine private Option zurückgeschnitten und erhielt einen zweifelhaften gesetzlichen Schutz, als handele es sich bei ihr nur um die Rechte des Einzelnen und nicht um ein unveräußerliches Recht, das staatliche Macht begrenzt. Die religiösen Gegner des Säkularismus nahmen ihrerseits den Kampf auf und vergaßen dabei, dass die Trennung von Religion und Staat in erster Linie der Religion Sicherheit bot.

Vielleicht können wir beim weltweiten Erstarken des christlichen Glaubens diese Polarisierung überwinden, wenn wir uns vergegenwärtigen, dass die Kirche eher als ein göttliches Werk denn als eine politische Institution ins Leben gerufen wurde. Das gab der Kirche die Möglichkeit zu gedeihen, trotz aller Versuche des Staates, sie zu unterdrücken. Was immer die Exzesse des Säkularismus als einer politischen Ideologie gewesen sein mögen – heute scheint die Säkularisierung als kultureller Prozess mit dem religiösen Erwachen nicht in Konflikt zu stehen. Ein Zeichen dafür ist, dass das gegenwärtige religiöse Erwachen trotz der Schwäche des Staates stattfindet, ja oft auch trotz staatlicher Unterdrückung, jedenfalls eher als durch staatliche Unterstützung. Mit Ausnahme einiger bemerkenswerter Fälle hat die Säkularisierung ihre harte Tendenz abgelegt, sich auf die Vorrechte der staatlichen Macht zu stützen und ein kämpferisches Dogma zu werden. So hat die Religion in Afrika Raum, zu gedeihen.

Säkularismus und „Inklusivismus"

Trotzdem ist die Welt nicht gesonnen, sich Neuigkeiten über den christlichen Glauben anzuhören, nicht zuletzt, weil sie aus Afrika kommen. Als öffentliche Meinung, die auch von vielen Christen geteilt wird, hat sich herausgebildet, dass eine tolerante und inklusive säkulare Welt den christlichen Absolutheitsanspruch ablehnen müsse. Die Hauptangeklagten hierbei sind die Missionen. Zusätzlich trug der selbstgewisse Eifer der Missionare, Bekehrungen zu machen, paradoxerweise erst recht zur Erschöpfung des Christentums bei, so dass es auf dem Marsch in eine offenere und tolerantere Welt kaltgestellt werden konnte. Zu den Vorbehalten der Öffentlichkeit gegen die Mission gehört auch, dass man beim leisesten Verdacht, jemand fühle sich gegenüber nicht-westlichen Kulturen überlegen, sehr empfindlich reagiert. Toleranz wird daran gemessen, wie sehr jemand gegen den christlichen Absolutheitsanspruch und die Mission ist, und – die andere Seite der Medaille – dass er nicht wegen mangelnden kulturellen Feingefühls angeklagt werden kann, was man um jeden Preis vermeiden muss. Was die Inklusiv-Armee brauchte, um die Mauern eines Restglaubens zu stürmen, war der Ruf: „Mangelndes Feingefühl gegenüber indigenen Kulturen." Die neue Weltordnung, sei sie nun säkular oder pluralistisch, ist auf einem „Inklusivismus" aufgebaut, der vom christlichen Glauben nicht beeinträchtigt ist. Wenn die Religion schon überlebt, soll sie das als Teil des Triumphes des säkularen Glaubens tun oder eben gar nicht. Daran zeigt sich, dass ein alles bedeckender säkularer *In*klusivismus in Bezug auf Religion Löcher hat und ziemlich *ex*klusiv ist, noch ein Paradoxon.

Rückzug der Missionen

Bei ihrem Ruf und ihrer hohen Sichtbarkeit blieb den großen Missionen nicht viel anderes übrig, als im Angesicht des öffentlichen Misstrauens den Rückzug anzutreten. Aber auf das Ende des Kolonialismus und der großen Missionen folgte keineswegs als logische Konsequenz der umfassende Niedergang des Christentums. Stattdessen nahm die Zahl der Christen schneller zu als je zuvor, was Kritiker und Unterstützer gleichermaßen verwirrt. Da die Kritiker nun einmal die Position eingenommen haben, dass der christliche Glaube als einziger den Weg zur Toleranz versperrt, verschließen sie die Augen vor dem Beweis des Gegenteils und bestehen darauf, dass die Bekehrungen keine Bekehrungen sein können und dass auf jeden Fall mit dem neuen „globalen" Christentum ein schreckliches Absinken in Intoleranz drohe.

Dementsprechend stoßen Geschichten über ein wiedererstarkendes Christentum in Afrika und anderswo auf taube Ohren. Zur Rechtfertigung kann man auf den Ruf nach einem Missionsmoratorium verweisen, der in den Siebziger Jahren vom All African Council of Churches ausging und die Kirchen in Europa und Nordamerika in die Defensive trieb. Nichteinmischung war die offizielle Linie und mit ihr eine unbedingte Distanzierung von dem, was auf dem Missionsfeld geschah. Man muss auch wissen, dass es eine beträchtliche Kluft gab zwischen den christlichen Führern Afrikas, die ein Missionsmoratorium forderten, und den Massen von neuen Christen, die sich in Scharen bekehrten. Das führte dazu, dass starke christliche Bewegungen vor Ort nicht in die Öffentlichkeit treten und gewürdigt werden konnten. So hat vermeintliche politische Korrektheit hinsichtlich der öffentlichen Wahrnehmung ein Vakuum hervorgebracht.

Indigene Entdeckung: Aufnahme lokaler Konzepte in das christliche Denken

„Die alten heilbringenden Zauber konnten in den Zeiten des Hin und Hers zwischen der christlichen und der heidnischen Religion sehr leicht als Brücke zwischen Heidentum und Christentum dienen. Die alten Heiden meiner Zeit hatten gesehen, wie die Boten des neuen Glaubens in den frühen Zeiten ihres missionarischen Wirkens rücksichtslos gegen ihre geliebten Ahnen vorgingen, und aus diesem Grund widerstanden die meisten von ihnen bis zum Schluss jeglichem Bemühen, sie zu christianisieren. Aber sie unterschieden mit außerordentlichem Feingefühl zwischen dem neuen Gott und seinen menschlichen Propheten. Ihr hartnäckiger Widerstand richtete sich nicht gegen die Vorstellung von einer fremden Gottheit, sondern gegen die organisierte Kirche. Der christliche Gott erschien ihnen sehr mächtig. Hatte er die Frevler gegen ihre Dorfheiligtümer nicht vor dem Zorn ihrer eigenen Geister bewahrt? In ihrer großen Verlorenheit hatten sie den Schutz, nicht die Feindschaft einer solchen Macht bitter nötig."[3]

Für mich hat die indigene Antwort und lokale Annäherung an den christlichen Glauben ganz klar Vorrang vor der Vermittlung und Lenkung durch Missionare. Ich spreche deshalb lieber von der *indigenen Entdeckung des christlichen Glaubens* als von der *christlichen Entdeckung indigener Gesellschaften*. Dabei ist die Sprache für die indigene Sache zentral. Das zeigt sich an der Bibelübersetzung. Eine bestimmte Theorie darüber, wie sich Religion entwickelt, hat verhindert, dass der Einfluss von Religion auf Geschichte und Gesellschaft ernst genommen wurde. Durch den Aspekt Sprache, den die traditionelle Kultur zur Verfügung stellt, kann das auf eine nützliche und einleuchtende Weise überwunden werden. Denn die Tatsache, dass bei der Übersetzung der Bibel die indigenen Namen für Gott aufgenommen wurden, setzte zumindest eine stillschweigende Ablehnung der üblichen Dichotomie Monotheismus-Polytheismus voraus, die im entwicklungsgeschichtlichen Denken vorherrscht. Sie eröffnete den Weg für indigene Erneuerung und geistigen Antrieb im religiösen Leben. So wurde z.B. der Hochgott der Yoruba, Olorun, ins Christentum aufgenommen, wobei seine Erscheinungen in den minderen Gottheiten, den Orisa, nur geringfügig abgewertet wurden.

So hat die Bibelübersetzung zu einem historischen Wechsel im Gravitationszentrum christlicher Theologie beigetragen, indem sie den Weg bereitete für ein Zusammengehen mit lokalen religiösen Vorstellungen. Dass die Theologie in die eigene Welt hereingeholt wurde, ist in seiner Tragweite durchaus mit der Umformung vergleichbar, die durch die Hellenisierung der Theologie in der frühen Kirche geschah. Die Auswirkungen der hier stattfindenden Veränderung auf die zukünftige Gestalt der christlichen Religion wie auch auf eine zu erwartende dritte Welle der Demokratisierung[4] in den betroffenen Gesellschaften sind kaum zu überschätzen.

---

3   Arthur Grimble, A Pattern of Islands, S. 120. Die Beschreibung bezieht sich auf die Gilbert und Ellice Inseln im Pazifik zur Zeit des frühen 20. Jahrhunderts.
4   Samuel P. Huntington, *The Third Wave: Democratization in the Late Twentieth Century* (Norman: University of Oklahoma Press, 1991), 72 ff.

Vier Gründe, warum das Christentum in Afrika wächst

Tatsächlich werden die *Fakten* der Ausbreitung des christlichen Glaubens kaum in Zweifel gezogen. Ein bedeutender Faktor ist der Umstand, dass diese Expansion nach dem Ende des Kolonialismus und während der Periode des nationalen Erwachens stattgefunden hat. Möglicherweise war der Kolonialismus ein Hindernis für das Wachstum des Christentums, so dass durch das Ende dieser Ära ein Stein des Anstoßes entfernt wurde. Ein zweiter Faktor war die erst allmählich eintretende Wirkung der Bibelübersetzung in afrikanische Sprachen. Mit der Übersetzung in die indigenen Sprachen kam kulturelle Erneuerung, und brachte die Afrikaner dazu, das Christentum in einem günstigen Licht zu betrachten. Ein dritter Faktor war afrikanische Eigenverantwortung. Afrikaner machten sich auf den Weg, die Ausbreitung selbst anzuführen – ohne den Nachteil, sich mit dem Fremden arrangieren zu müssen. Junge Leute, vor allem Frauen, bekamen in der Kirche eine wichtige Rolle.

Ein weiterer Faktor, der in den Statistiken selten auftaucht, ist ein theologischer: Die Ausbreitung des christlichen Glaubens blieb mehr oder weniger beschränkt auf jene Gesellschaften, die den indigenen Namen für Gott beibehalten hatten. Das ist eine überraschende Entdeckung, weil dem allgemeinen Gefühl nach christlicher Glaube und indigene Vorstellungen von Gott nicht zusammen passen. Aber das offenbare Zusammengehen des christlichen Glaubens mit dem indigenen Namen für Gott ist eine Parallele zu dem Faktum, dass die Ausbreitung des Christentums eher nach als während des Kolonialismus begegnet. Jedenfalls öffneten sich Afrikaner am ehesten dort für den Glauben, wo die indigenen Religionen am stärksten, nicht wo sie am schwächsten waren. Das legt ein Zusammenpassen ihrer Religion mit dem Evangelium nahe sowie einen impliziten Konflikt mit dem, was im Kolonialismus vorrangig war.

Der Islam und die Traditionelle Afrikanische Religion

Ein kurzer Vergleich mit dem Islam könnte hier hilfreich sein, nicht nur aus Gründen des kulturellen Feingefühls. Am stärksten waren Ausbreitung und Wachstum des Islam dort gewesen, wo die indigenen Religionen, vor allem als organisierte Kulte, ausgerottet oder unterworfen waren, und wo es gar keine oder nur noch eine vage Erinnerung an den Namen des lokalen Gottes gab. So gab der Kolonialismus als eine säkulare Macht dem Erstarken des Islams Vorschub. Kolonialbeamte teilten mit den muslimischen Gelehrten die Geringschätzung für die afrikanischen Religionen, was die Unterdrückung der lokalen Kulte und den Fortschritt des öffentlichen Ansehens des Islams unterstützte. Das Ende der Kolonialherrschaft hemmte das Wachstum des Islams in Afrika, während mit dem Christentum das Gegenteil passiert zu sein scheint. Das koloniale System war dem christlichen Glauben gegenüber gespalten. Er stand für die moralische Überlegenheit des Westens über „Stammesaberglauben", aber indem die Missionen das Einheimische betonten, wurde diese Sicht durcheinandergebracht, weil dadurch ein indigenes Christentum Wurzel schlug und „subversive Kräfte" wirksam wurden. Aus Furcht vor dem israelitischen Geist der Befreiung gingen die Behörden rigoros gegen die neuen christlichen Bewegungen vor, drohten ihren Anhängern und Sympathisanten Repressalien an, verhafteten ihre Anführer und warfen sie in den Kerker. Muslimische Führer stellten sich mit eigenen Interessen dem Christentum entgegen, nicht zuletzt, weil sie es für ebenso götzendienerisch ansahen wie afrikanische Religionen. Die drei Götter, die sie der christlichen Lehre zuschrieben, waren nicht weniger anstößig als die vielen Götter der Heiden. In der nachkolonialen Ära begannen die muslimischen Führer mit politischer Agitation, um das öffentliche Interesse des Islams voranzubringen. Daher der Kampf in den muslimischen Reihen um die Frage, die Scharia als Strafrecht durchzusetzen und so das Vakuum im Bereich der öffentlichen Moral, aus dem das Christentum vertrieben wurde, zu füllen .

Vielleicht ist noch ein Wort zu der christlichen Antwort auf die Politisierung des Islams angebracht. Christliche Afrikaner waren ebenso wenig auf den islamischen Radikalismus vorbereitet wie ihre westlichen Gegenüber und sahen ihn als eine Eintagsfliege an. Aber die anhaltende Politisierung des Islams machte die strategische Schwäche eines privatisierten Christentums offenbar, das keine Übung in der Kunst des Regierens hatte und nicht vor den Schattenseiten einer Konsenspolitik geschützt war. Tatsächlich schien ein privatisiertes Christentum religiösen Radikalismus ermutigt zu haben. Radikale werfen ihm seine Toleranz gegenüber moralischen Kompromissen vor, die die Gesellschaft geschwächt haben, während die Europäer es für seine Rückschritte bei der Liberalisierung angreifen. Es überrascht nicht, dass die Jungen Kirchen keinen Ausweg aus diesem Dilemma fanden, nämlich den Rufen der Radikalen nach kollektiver Disziplin entsprechen zu sollen und zugleich den Forderungen der Liberalen nach Freiheit für das Individuum. All dies wurde durch den plötzlichen, massenhaften Zustrom Neubekehrter zum Christentum noch verschlimmert. Unter diesem Gewicht gerieten die Kirchen ins Schwanken, um zu unserm Thema zurückzukehren. Dem Wunsch, Christ zu werden, müssen stärkere Motive als bloße Selbsterhaltung zugrunde liegen, wenn man so heftig herausgefordert und so widersinnig missverstanden wird.

Ein skeptisches westliches Publikum, bewehrt mit anthropologischen Theorien und nachkolonialer Sensitivität, wird sich freilich kaum von seiner Sicht abbringen lassen, nach der Mission kultureller Imperialismus und Bigotterie ist. Für viele klingt es außerdem weit hergeholt, wenn die Entwicklungsländer als neue Frontlinie des Christentums bezeichnet werden. Wenn, um in der Wissenschaftssprache des 19. Jahrhunderts zu sprechen, die Eingeborenen sich ohne messbaren Effekt auf ihren Charakter in Ahnenriten verzehrten und in ihrem Urwaldspuk festsaßen, warum um Himmels willen sollte die Welt ihnen Vertrauen schenken, wenn sie sich unter das Banner der christlichen Religion begeben?

In einer Diskussion am Runden Tisch könnten solche Haltungen durchdacht und vielleicht einvernehmlich überwunden werden.

Wie dieses Buch angelegt ist: Fragen und Antworten, an denen der Leser sich beteiligen kann

Bei dem von mir gewählten „interaktiven" Stil versuche ich, an die personale Seite der Religion heranzukommen. Das schließt auch die unterschiedlichen Meinungen ein, die Menschen zu diesem Thema haben. Leser sollen sich durch diese Methode frei genug fühlen, ihre eigenen Fragen und Bedenken einzubringen und die Antworten dazu zu nutzen, ihre eigenen Vorstellungen zu entwickeln, zu schärfen oder zu klären. Die Methode, mein Buch in der Form eines Interviews zu schreiben, soll Auseinandersetzung und Austausch befördern, ohne Menschen in die Defensive zu treiben. Sie kann als Rahmen dienen, Verschiedenheit in einem Geist der Liebe in Angriff zu nehmen und konkrete Fragestellungen in verschiedenen Kontexten offen und respektvoll zu diskutieren.

Vielleicht ist es nützlich, die Grundsätze und Regeln für diese Art der Annäherung zu benennen. Erstens: Ein Diskurs in der Form eines Interviews entspricht der Religion in hohem Maße. Viele sind der Meinung, dass Religion Engstirnigkeit hervorbringt und auf Abweichungen mit Intoleranz und Abgrenzung reagiert. Verschiedenheit kann jedoch eine wechselseitige Bereicherung sein und Religion kann gleichzeitig vergewissern und relativieren. Zum Beispiel kann es vorkommen, dass man Gottes Willen nur durch Verleugnen des eigenen Willens tun kann. Unterscheidungsvermögen ist eine Frucht des Gehorsams und eine Gabe echter Solidarität. Ohne es könnte man keine Wahl treffen. Auf der anderen Seite gilt: Unterschiedliche Meinungen sind kein Hindernis für Dialog. Im Gegenteil: Sie sind ein Test, ob man bereit ist, dem andern guten Willen zu unterstellen und das Beste füreinander zu wollen. Liebenswürdig zu sein bedeutet, auch selbst Liebe zu brauchen. Ohne Unterschiede wäre Dialog unglaubwürdig. Wenn man es aus Furcht vor Unterschieden für nötig hält, zu verbergen, was man denkt, wird der Dialog eine leere Hülle und Übereinstimmung eine Illusion. Tatsächlich ist Zustimmung aufgrund von Versteckspiel nur eine andere Form von Intoleranz.

Freilich wird häufig die Ansicht vertreten, dass Verschiedenheit bedrohlich, schädlich, eben überhaupt negativ sei und Fanatismus hervorbringe, während gänzliche Übereinstimmung heilsam, inklusiv und aufgeklärt sei. Wenn das wahr wäre, wären wir alle zu Eintönigkeit und Uniformität verdammt. Aber auch dann würden wir der Bedrohung, der Intoleranz, den Fehden und Verwünschungen nicht entrinnen, die angeblich durch mangelnde Übereinstimmung entstehen. Wir brauchen nur die Konflikte innerhalb von Gemeinschaften zu betrachten: die innerfamiliären Auseinandersetzungen, die Gewalt, die sich oft innerhalb einer Rasse, eines Hauses, einer Nation oder einer Glaubensgemeinschaft erheben! Da wäre es reichlich kühn, sich der Welt unter Missachtung der Unterschiede oder mit unbegründeten Hoffnungen auf Übereinstimmung zu nähern. Beides kommt vor: Dass Menschen gegeneinander kämpfen, die eigentlich dasselbe wollen, oder dass diejenigen Frieden schließen, die Unterschiede bejahen.

Es gibt viele hilfreiche Studien zu den Themen, die aus dem weltweiten christlichen Erstarken entstehen. Dieses Buch will freilich nicht alles aus diesem Bereich diskutieren. Viele Sichtweisen werden in knapper summarischer Form dargeboten. Ich möchte gern die Balance halten zwischen dem Geist alltäglicher Begegnungen und den Konventionen des geschriebenen Worts. Es wird harte Fragen geben, ohne dass die Befragung zur Inquisition wird. Desgleichen werden Antworten aufrichtig präsentiert, ohne dem andern einen Seitenhieb zu verpassen.

Das Buch ist in einem lockeren Stil geschrieben, folgt aber einer inneren Struktur. Der Leser kann der Unterhaltung von jedem Punkt aus folgen, ohne sich abgehängt zu fühlen. Die Fragen sind nicht nur formal, sondern betreffen die inhaltlichen Angelpunkte. Die Antworten werden nah an den Fragen bleiben und auf diese Weise Raum für Erwiderungen lassen. Perspektiven sind wichtig – je unterschiedlicher, desto besser. Damit der Leser den Anschluss behalten kann, werde ich die einzelnen Fragen nummerieren und Zwischenüberschriften einfügen.

Erfahrungen aus der Praxis werden eher als Theorien das leitende Prinzip der Diskussion sein. Das Buch soll dem Leser dienen, nicht der Leser dem Buch. Für Leserinnen und Leser sollte es möglich sein, in die Unterhaltung einzutreten und etwas aus ihrem Eigenen zum Austausch beizutragen. Mit Sicherheit bleiben Lücken, die gefüllt werden müssten, aber wichtiger und erwünschter ist es, dass der Leser teilhat an einer nuancenreichen Unterhaltung über „Die Entdeckung des Christentums in Afrika", jenseits der ausgetretenen Pfade des Westens. Um sich in diesem Austausch einzubringen, braucht man keine besonderen wissenschaftlichen Voraussetzungen.

Lasst uns jetzt zu dieser Gesprächsform übergehen, damit wir der Weltreligion Christentum tatsächlich begegnen.

1. Der Wind weht, wo er will: Christlicher Glaube als eine Weltreligion

Teil I: Die alte Form des Christentums und die neue, bunte Form der Weltkirche

Gärungsprozess, Erneuerung und Pluralismus

Frage 1: Könnten Sie einmal die Worte in der Überschrift erklären: Gärungsprozess, Erneuerung und Pluralismus im Weltchristentum? Was meinen Sie mit Gärungsprozess des christlichen Glaubens? Ist das ein Euphemismus für christlichen Triumphalismus?

Antwort: Mit Gärungsprozess des christlichen Glaubens meine ich die spontane Entstehung christlicher Gemeinden unter Völkern, die nicht christlich gewesen waren. Es geht mir dabei nicht um christlichen Triumphalismus, sondern ich sehe darin einen Anlass zum Handeln und eine Herausforderung der westlichen Selbstzufriedenheit.

Frage 2: Und was meinen Sie mit Erneuerung?

Antwort: Der christliche Glaube hat eine Erneuerung der lokalen Sprachen sowie der alten Bräuche und Traditionen bewirkt, und zwar als Antwort auf seine Ethik der Liebe, Versöhnung, Gerechtigkeit und Verantwortung. Erneuerung heißt hier außerdem, dass neue Strukturen und Institutionen die Expansion lenkten.

Frage 3: Und was meinen Sie mit Weltchristentum? Ist das dasselbe wie globales Christentum?

Antwort: „Weltchristentum" ist die Form und Gestalt, die die Bewegung des christlichen Glaubens in Gesellschaften annimmt, die vorher nicht christlich waren, Gesellschaften, die keine bürokratische Tradition hatten, mit der das Evangelium zahm gemacht werden konnte. In diesen Gesellschaften wurde der christliche Glaube durch die Kultur, die Bräuche und Traditionen des betroffenen Volkes angenommen und ausgedrückt. Weltchristentum gibt es nicht im Singular, sondern als eine Vielfalt von indigenen Antworten durch mehr oder weniger wirksame lokale Sprachen, jedenfalls aber ohne den Rahmen der Aufklärung.

„Globales Christentum" auf der anderen Seite ist die gläubige Kopie der christlichen Formen und Muster, die sich in Europa entwickelt haben. Es ist ein Widerhall des berühmten Ausspruchs von Hilaire Belloc: „Europa ist der Glaube". Faktisch ist es religiöses Establishment und kulturelle Gefangenschaft des Glaubens.

Frage 4: Lässt sich „globales Christentum" demnach mit „Christendom"*) vergleichen? Was ist „Christendom" genau?[1]
Antwort: „Christendom" bezieht sich auf die imperiale Phase des christlichen Glaubens im Mittelalter, als die Kirche eine Domäne des Staates geworden war und das christliche Bekenntnis politisch durchgesetzt wurde. Religiöse Streitigkeiten hatten territoriale Umwälzungen zur Folge. Denn Religionskriege waren Kriege zwischen Nationen. Auf die religiöse Bannung des einzelnen folgte die weltliche Acht. Der Begriff „globales Christentum" trägt immer noch Spuren dieser imperialen Phase, weil man unterstellt, dass größer werdende Gemeinschaften bekennender Christen rund um die Welt Ausdruck der ökonomischen und politischen Sicherheitsinteressen Europas sind und dass Kirchen überall die religiöse Seite der politischen Reichweite Europas oder eine Reaktion darauf sind. „Globales Christentum" erinnert auch sprachlich an ökonomische Globalisierung mit denselben Kräften des globalen Handels und der Internet-Revolution, durch die die Verbreitung eines lückenlosen Informationsnetzes und Austausch ohne Grenzen befördert wird. So kann man tatsächlich sagen, dass „globales Christentum" und „Christendom" austauschbare Begriffe sind. Heute sind sie allerdings anachronistisch.

Frage 5: Was hat diesen strukturellen Wechsel verursacht? Was führte zum Ende des institutionellen „Christendoms", also des Christentums als eines weltweiten Herrschaftsauftrags Europas?
Antwort: Den Wechsel verursachte die Entwicklung, dass Muttersprachen zum Medium wurden, in dem man das Evangelium hört und annimmt. Unter dem „Christendom" waren koloniale Annexion und Unterwerfung die Ausgangsbasis und das Mittel dafür, das Evangelium weiterzugeben; die Kirche war nur die nachträgliche Idee. Land und Arbeit der Eingeborenen wurden enteignet, Handelsagenten und Verwaltungsleute wurden eingesetzt, Missionsstationen errichtet, kirchliches Leben reguliert. So verbreitete sich „Europäertum" als Glaube und Politik des frühmodernen Europa bis nach Übersee aus

---
* Siehe „Nachbemerkung zur Übersetzung".
1 S. Philip Jenkins, „A New Christendom" Chronicle of Higher Education, 29. März 2002.

und wurde durch die Sakramente der Kirche legitimiert. Aber mit dem Wechsel zu den indigenen Sprachen bekam die religiöse Bekehrung eine innere Dynamik weg von Lenkung und Kontrolle von außen. Indigenisierung des Glaubens brachte Dekolonisierung der Theologie mit sich, und dazuzugehören hieß Selbstverwaltung in spiritueller Hinsicht. Das Weltchristentum gewöhnte sich die politischen Verhaltensweisen des „Christendoms" ab. Bei den mentalen Gewohnheiten dauerte das allerdings länger. So kommt es, dass viele Autoren in Europa und Amerika und auch einige Theologen der Dritten Welt immer noch vom „Christendom" sprechen, also einer Religion, die neue politische Gruppierungen hervorbringt, die durch Wettbewerb und Rivalität gekennzeichnet sind.

Frage 6: Haben Ihrer Meinung nach die Missionare diesen Wechsel zum Indigenen im Sinn gehabt, als sie mit muttersprachlicher Übersetzung anfingen? Haben sie nicht vielmehr gehofft, die Zahl der Bekehrungen zu steigern, nicht aber die indigene Ermächtigung? Waren sie nicht vom Wettbewerbsdenken getrieben?
Antwort: Das kann sein. Ich glaube auch nicht, dass die Missionare indigene Ermächtigung im Sinn hatten, als sie sich an das Übersetzen machten. Aber wichtiger ist es, die Missionare gar nicht erst als solche anzusehen, die so tiefe Fußstapfen hinterließen, dass die Bekehrten nur noch hinein zu treten brauchten. Egal, ob wir den Missionaren die positiven Effekte der Verwendung der Muttersprache zuschreiben oder nicht, wir müssen jedenfalls den doppelten Einfluss zum einen auf die indigenen Kulturen, zum andern auf die globalen Ansprüche des westlichen Christentums zur Kenntnis nehmen. Unvorhergesehene Wirkungen wie die Stärkung der indigenen Kulturen sind es, die Geschichte interessant machen. Die Handelnden selbst haben keine Kontrolle über derartige Konsequenzen: Geschichte garantiert die Zukunft nicht, sie entkommt ihr aber auch nicht.

Frage 7: Wenn wir den Missionaren nicht den Erfolg zuschreiben wollen, der durch die Mobilisierung der Muttersprache entstanden ist, sollte man ihn dann den Christen vor Ort und indigenen Pionieren zuschreiben?
Antwort: Wir müssen es sogar! Diese Pioniere vor Ort reagierten auf die missionarische Herausforderung und übernahmen die Verantwortung für die Richtung, die die Verwendung der Muttersprache für ihre Gesellschaften und für den christlichen Glauben bedeutete. Ein inkulturiertes Christentum ist nicht eine bloße Fortsetzung obsolet gewordener Religionsformen; vielmehr nimmt es eine emanzipierte Gesellschaft vorweg, eine Situation, für die lokale

Führung am besten passt. Das begrenzte Ziel „Bibelübersetzung" hat einen viel breiteren Prozess ethnographischer Feldforschung und geschichtlicher Dokumentation ausgelöst, der in einer Kettenreaktion Auswirkungen auf Politik, Wirtschaft, Kultur und Gesellschaft ebenso wie auf die Religion hat. So haben zum Beispiel in Hawaii die Missionare in der Absicht, die Bibel zu übersetzen, was die Dokumentierung von Jahrhunderten der hawaiianischen Kultur und Geschichte einschloss, als erste die Sprache gelernt und verschriftlicht. Dass die Sprache überhaupt bis heute überlebt hat, liegt fast ausschließlich an der Arbeit an der Bibelübersetzung.[2]

Das Verhältnis der neuen Weltchristenheit zur Politik

Frage 8: Was für eine Bedeutung hat das Wachstum des Weltchristentums für den Westen?
Antwort: In der Bewegung des Weltchristentums kann der Westen dem Evangelium so begegnen, wie es von Gesellschaften angenommen wird, die nicht durch die Aufklärung geformt worden sind. So kann er Einsicht in die Kultur gewinnen, die die Gestalt der neutestamentlichen Kirche in ihren Anfängen bestimmt hat. Das könnte zu einer stärkeren Würdigung des neutestamentlichen Hintergrundes des christlichen Glaubens führen. Es könnte auch Licht auf die Themen werfen, mit denen die frühe Kirche konfrontiert wurde, als sie sich zwischen der jüdischen und der heidnischen Welt bewegte.

Frage 9: Gut, das mag für Religionswissenschaftler interessant sein, aber ist es nicht durchaus möglich, dass das Weltchristentum heftige politische Spaltungen hervorbringen wird, in denen die Religion eine verheerende Rolle spielt?
Antwort: Diese Möglichkeit haben einige westliche Autoren eingehend erörtert. Sie meinen, dass der Kalte Krieg eine Neuauflage erleben wird, und zwar diesmal entlang der mittelalterlichen religiösen Trennlinien. Diese Autoren behaupten, dass der weltweite Charakter des christlichen Bekenntnisses eine entsprechende globale Ideologie der Macht erzeugen wird. In diesem Szenario werden neue christliche Kreuzzüge mit muslimischen Djihads um die Wette die Welt in kriegerisches Chaos stürzen. In dieser „schönen neuen Welt" werden Folter und Scheiterhaufen durch Atomsprengköpfe und Anthrax ersetzt werden. Eine milde, humoristischere Version dieses makabren Szenarios ist das Schauspiel leicht erregbarer Wilder aus den Tropen, die lendenschurzbe-

---

2 „Churches Try to Protect Hawaii's Native Tongue", The New York Times, 22. Februar 2003.

kleidet zur Reevangelisierung in Europa und Nordamerika auftauchen. Wegen der vermeintlich konservativ-religiösen Ansichten des Weltchristentums würde die Reevangelisierung des Westens bedeuten, dass alle liberalen Errungenschaften des modernen Westens über den Haufen geworfen würden, was einen Rückfall in die Intoleranz zur Folge hätte. Mit anderen Worten, der nachchristliche Westen sähe in der Entstehung eines nachwestlichen Weltchristentums das Potenzial für größere kulturelle Spaltungen der Welt und einen schweren historischen Rückschlag. Egal, welches Szenario, globales Christentum ist kein Anlass, sich zufrieden zurückzulehnen.

Frage 10: Das klingt erschreckend, aber ist das wirklich ein wahrscheinliches Szenario?
Antwort: Nein, das glaube ich nicht, jedenfalls nicht, wenn man unsere Kenntnisse zugrunde legt. Das Weltchristentum ist ohne jede Begleitung durch koloniale politische Strukturen, die es unterstützt hätten, zu der religiösen Wirklichkeit geworden, die es jetzt darstellt. Wie sollte es sich in eine Kreuzzug führende politische Ideologie wie „Christendom" verwandeln? Wie allgemein bekannt, begegnet die Ausbreitung des christlichen Glaubens in Gesellschaften, die durch folgende Merkmale gekennzeichnet sind: durch schwache Staaten, unter verarmten Bevölkerungen und wo religiöse Loyalitäten stärker sind als politische. Da scheint es doch wirklichkeitsfern, zu behaupten, eine solche Ausbreitung habe das Potenzial, Strukturen einer Weltherrschaft hervorzubringen, in der die politischen Loyalitäten stärker sein würden als die religiösen. Das wäre schon eine seltsame Alchemie.

Frage 11: Warum finden denn solche Voraussagen so viel Anklang im Westen?
Antwort: Auch ich finde das seltsam unerklärlich. Nehmen Sie zum Beispiel Südafrika: Sie werden wenig Beweise finden für Kirchen mit weltweiten Ambitionen, die sich auf einer politischen Bruchlinie zusammengeschlossen hätten. Oder ein anderes Beispiel: Die afrikanische Bischofssynode hat sich auf Programme für soziale Gerechtigkeit und Wiederaufbau ohne eine politische Blaupause verpflichtet. In anderer Hinsicht ist das afrikanische Christentum die Konsequenz einer planlosen, unorganisierten Bewegung im Volk, oft außerhalb, gelegentlich sogar gegen den Mainstream. Es entbehrt nicht einer gewissen Ironie, dass religiöser Massenenthusiasmus gegen eine Massenernüchterung in Bezug auf die politischen Strukturen antritt. Das gleicht der Situation des neutestamentlichen Christentums. Die Analyse auf der Basis des „Christendoms" behält ihre Attraktivität in einer Ära nach dem Kalten Krieg, die immer noch auf Gefahr und Bedrohungen eingestellt ist. Die düstere Prog-

nose passt zudem gut zu der säkularen Sicht, dass Religion in der bewegten Geschichte des menschlichen Fortschritts eine negative Rolle gespielt hat. Diese Sicht mag im Licht der gemischten Geschichte des westlichen „Christendoms" und angesichts der düsteren Aussichten des christlichen Glaubens im Westen ihre Berechtigung haben. Dennoch ist die Erfahrung eines im Kalten Krieg gestählten Westens, der sich jetzt in seiner religiösen Abenddämmerung befindet, kein zuverlässiger Führer für den Kurs eines nachwestlichen Weltchristentums, für das der Morgen heraufdämmert. Jedenfalls sollte es uns stutzig machen, dass die meisten Historiker dieser trostlosen Prognose nicht den Vorzug geben. Die Vergangenheit ist kein guter Führer in die Zukunft.

Frage 12: Aber hat das Christentum nicht immer eng mit dem Staat zusammengearbeitet? Warum sollte das Weltchristentum mit dieser Tradition staatlicher Unterstützung brechen?
Antwort: Organisierte Religion unter staatlichem Schutz ist eine zweischneidige Angelegenheit und wird von Katholiken wie von Protestanten zu Recht abgelehnt. Schutz durch die Herrschenden wog nicht weniger schwer, sei es als Gunst, sei es als Verpflichtung. Wie dem auch sei, das Weltchristentum ist waffenlos und hat überraschend wenig politischen Einfluss. Stattdessen war es politischer Verfolgung ausgesetzt. Im Endeffekt haben die Jungen Kirchen, weit entfernt davon, zu Opfern für nationale Interessen aufzurufen, sich politisch ruhig verhalten und sich damit begnügt, zuzulassen, dass der christliche Glaube sich als eine privatisierte Form persönlicher Frömmigkeit ausdrückt. Jetzt aber sind sie mit einer neuen Herausforderung konfrontiert: Angesichts des mangelnden Vertrauens in staatliche Institutionen müssen sie mit der Tradition der religiösen Privatisierung brechen, und zwar um die öffentliche Ethik zu beeinflussen. Hier könnten sie ruhig eine Seite aus dem Buch des „Christendoms" herausnehmen und institutionelle Hilfe mit politischem Einfluss anbieten. Das ist allerdings eine problematische Entscheidung, denn für politische Aktivität gibt es nicht weniger Fallstricke als für den Rückzug des Glaubens ins Private.

Frage 13: Gerade haben Sie von der Abenddämmerung als der religiösen Phase Europas gesprochen. Ist der Rückgang der Zahlen das einzige Problem der Kirchen oder glauben Sie, dass der zentrale Nerv des Glaubens berührt ist?
Antwort: Ich glaube, dass es etwas Tieferes betrifft. Bezüglich des Rückgangs der Mitgliederzahlen sind die Statistiken eindeutig. Aber noch darunter liegt ein Rückzug in die Isolation, wo der Geist dahinzusiechen scheint. Es hat eine Art Stimmungsumschwung stattgefunden, wo man ständig nur an Inventur-

machen, Sonnenuntergang und länger werdende Schatten, an Erinnerungsarmbänder oder Requiems denkt. Mir fällt ein Ausspruch von Sir Edward Grey ein, der über den düsteren Wolken seiner Zeit grübelte: „Die Lichter sind ausgegangen über ganz Europa." Die religiöse Vorstellungskraft scheint einen Anfall von Melancholie erlitten zu haben, wenn sie sich mit der Last von „Bleib bei mir, Herr, der Abend bricht herein" oder „Der Tag, mein Gott, ist nun vergangen. Das Dunkel kommt auf dein Geheiß" abmüht. Es sind feierliche Vespern ohne Gloria und ein ferner Nachhall der zuversichtlichen, kräftigen Töne von *„Onward, Christian soldiers"*, „Mit dir, du starker Heiland du, muss uns der Sieg gelingen" oder „Rüstet euch, ihr Christenleute". Ein düsterer, Unheil verkündender Trommelschlag zieht sich durch die Musik ... *„God of our fathers, known of old ... lest we forget, lest we forget."*[3] Es ist, als ob die Europäer beständig das „Nunc dimittis" auf den Lippen haben und es bedauern, dass sie Weihnachten und Ostern feiern müssen. Vielleicht ist zu viel Geschichte auch nicht gut.

Der Vorzug indigener Theologie

Frage 14: Ich würde mich gern der Dimension des Indigenen im Weltchristentum zuwenden. Sie haben von der Aufnahme der afrikanischen Namen für Gott gesprochen und gesagt, dass damit die Basis für die zahlreichen Bekehrungen gelegt wurde. Aber dabei geht es sicherlich um mehr als um bloße Statistik. Welche Bedeutung messen Sie den afrikanischen Namen für Gott und ihrer Übernahme ins Christentum zu?
Antwort: Der Name Gottes ist grundlegend für alle Strukturen traditioneller Gesellschaften. Er gibt Form und Norm für Rituale und Feste des Ackerbaus, territoriale Kulte, den Kalender, Fruchtbarkeitsriten, Beerdigungsvorschriften, Bräuche zu Jahresfesten, Regelung des Verhältnisses der Generationen, Regeln zur Namensgebung; Moral, Hierarchie, Verhältnis der Geschlechter, Kindespflichten, wie und was man schenkt, Opfervorschriften und so weiter. Deshalb kann man sich kaum ein funktionsfähiges soziales System ohne den Namen Gottes vorstellen, aber sehr leicht die Verletzlichkeit der Gesellschaften, die den Namen oder den Sinn für das Transzendente verloren haben. (Möglicherweise kann der nachchristliche Westen etwas davon lernen.)

---

3 Ein Lied von R. Kipling zur Beerdigung von Queen Victoria. S. Christopher Hitchens, „A Man of Permanent Contradictions," Rezension von *The Long Recessional: The Imperial Life of Rudyard Kipling*, von David Gilmour, *Atlantic*, Juni 2002, 96–103.

Wenn man den Namen Gottes in den christlichen Glauben übernimmt, transportiert das folglich entsprechende Implikationen für soziale und kulturelle Erneuerung mit Auswirkungen auf die indigene Moral und historisches Bewusstsein. Wir können die Frage folgendermaßen zusammenfassen: Der Name für Gott enthielt die Vorstellung von Person, von wirtschaftlichem Leben und sozialer bzw. kultureller Identität; der Name für Gott repräsentierte den Vorzug indigener Theologie gegenüber der Initiative der Missionare. In dieser Hinsicht haben die afrikanischen Religionen als Transporteure der Gottesnamen bedeutsame Aspekte des Christentums vorweggenommen. Die relevanten Fälle der Ausbreitung und Erweckung des christlichen Glaubens waren begrenzt auf Gesellschaften, die den Namen für Gott beibehalten hatten. Man könnte sagen, dass Gott, theologisch gesehen, den Missionaren in Afrika vorangegangen ist, ein Faktum, das die Bibelübersetzung mit entschiedener Autorität bestätigt hat.

Die neue Erweckung – Gewinn oder Verlust?

Frage 15: All das einmal zugestanden: Würden Sie sagen, dass das Wachstum und die Erneuerung im Weltchristentum nur Gewinn und kein Verlust gewesen sind?
Antwort: Nein, es ist von beidem etwas.

Frage 16: Können Sie dazu noch mehr sagen?
Antwort: Auf der Gewinnseite steht, dass die Kirchen gewachsen sind, die Mitgliederzahlen zugenommen haben, in vielen Fällen exponentiell. In Gebieten, wo Zwietracht und Verzweiflung herrschen, sind Hoffnungsgemeinschaften entstanden. Aber auf der Verlustseite steht: Falsche Propheten sind aufgetreten, Spaltungen haben sich verbreitet, einfache und unwissende Leute wurden ausgenutzt, Feindschaft zwischen Ethnien führte zu grausamem Morden, ethische Maßstäbe sind in der Korruption untergegangen. Es gab Zusammenbrüche der öffentlichen Ordnung, aber selbst in solch schrecklichen Situationen schließt das Dogma von der Säkularisierung eine öffentliche Aufgabe von Religion aus, ja macht Religion noch verantwortlich für das Versagen.

Frage 17: Ich weiß nicht, ob wir über die Ausbreitung des christlichen Glaubens glücklich sein sollten, wenn diese traurige Hinterlassenschaft dabei herausgekommen ist. Aber das ist eine Feststellung. Die Frage dazu heißt: Gibt es Grund zum Jubeln über eine so zweischneidige Angelegenheit?

Antwort: Nun, wir sollten weder jubeln, weil Utopia wahr geworden ist, noch Angst haben, weil Harmaggedon droht. Vielmehr sollten wir Mut fassen, weil leidende Menschen Zuversicht und Hoffnung gefunden haben. Die Menschen, die in der Reihe derer stehen, die darauf warten, in die Kirche hineinzugelangen, haben vom Brot des Elends gegessen und von den Wassern der Trübsal gekostet, und immer noch drängen sie in die Kirche hinein. Die Kirche existiert, um genau diese willkommen zu heißen, ungeachtet ihrer personellen oder materiellen Lage. Man zahlt keinen Eintritt, um Mitglied zu werden, weil das Reich Gottes ganz besonders für die Geringsten unter uns da ist. Wer sind wir, es ihnen nicht zu gönnen? Andererseits will ich kein zu einseitiges Bild malen, geschweige denn behaupten, dass sich der Kirche anzuschließen alle Probleme des Lebens und der Gesellschaft löst.

Frage 18: Was denken Sie denn?
Antwort: Ich denke, dass für die neuen afrikanischen Christen die Kirche ein guter Ort ist, um nach Antworten auf die Probleme und Herausforderungen des Lebens und der Gesellschaft zu suchen. Die Maßstäbe des Glaubens und der Vergebung, unterstützt durch eine Praxis der Liebe, Solidarität in der Gemeinschaft, Treue und Vertrauen bieten für alle in der Gesellschaft einen Weg nach vorn. Das Beispiel der Christen ist Teil des öffentlichen Wohls und nicht getrennt davon zu sehen.

Frage 19: Sie sprechen vom Allgemeinwohl. Meinen Sie nicht, dass es wegen der konfessionalistischen triumphalistischen Untertöne schädlich ist, von christlicher Expansion zu sprechen? Sollten wir nicht lieber vom guten Willen unter allen Menschen reden, ohne Rücksicht auf religiöse Etikettierungen?
Antwort: Ich sehe, worauf Sie hinauswollen. Ja, lasst uns unbedingt über die Ausbreitung von gutem Willen unter allen Menschen sprechen, aber lasst uns guten Willen nicht zu einer Alternative oder einem Rivalen der Religion machen, damit wir nicht auf diesem Wege konfessionalistisch oder triumphalistisch werden.

Frage 20: Ich glaube doch, wir wären angesichts der beklagenswerten Verwicklung der Christen in Sklaverei, Rassismus, Kolonialismus und Intoleranz ohne das christliche Etikett besser dran. Die Frage dazu lautet: Sollten die Christen ihre Zeit nicht lieber damit zubringen, sich an die Brust zu schlagen statt zu prahlen?
Antwort: Ich bin sehr für Buße unter Christen und hasse Prahlerei, das versteht sich von selbst. Aber ich weigere mich, die Behauptung zu akzeptieren, dass schlechte Taten von Christen alle weiteren Bekehrungen mehr disqualifi-

zieren als ihre guten Taten es rechtfertigen, stolz darauf zu sein. Warum sollte der christliche Glaube nicht durch die Taten der Heiligen ebenso los gesprochen werden wie die schlechten Taten der Sünder ihn verdammen? Aber das ist nicht ganz ernst gemeint.

Sprung zu einem neuen Kontinent

Frage 21: Jetzt habe ich eine ganz direkte Frage. Meine persönlichen Einwände will ich noch zurückstellen. Sie sagten, bezüglich der Expansion des Christentums sei der Befund eindeutig. Meinen Sie, dass das mit der Erklärung dafür und der Interpretation anders ist?
Antwort: Ja, genau.

Frage 22: Wie unterscheidet sich denn die Deutung von dem Faktum?
Antwort: Die Deutung ist normalerweise vom westlichen Schuldkomplex beeinflusst und lenkt deshalb von den zugrunde liegenden Fakten ab. Ich möchte außerdem behaupten, dass dieser Schuldkomplex uns daran hindert, die geschichtliche Rolle der lokalen Träger beim Einpflanzen der Kirche in Afrika zur Kenntnis zu nehmen. Der Westen scheint bei den Standarddarstellungen des Christentums der Dritten Welt von so großer Bedeutung zu sein, dass es dafür keinen Platz gibt.

Frage 23: Aber Sie meinen wahrscheinlich noch etwas anderes mit Interpretation, nicht wahr?
Antwort: Ja, tatsächlich. Man interpretiert den christlichen Glauben gerne anhand der Maßstäbe von Exegese und Dogmatik, die man kennt; das garantierte das „Christendom"-Modell. Das Weltchristentum hingegen muss von einer Vielfalt von Modellen der Inkulturation her verstanden werden zusammen mit der Mannigfaltigkeit der lokalen Sprachen und Gebräuche. Die Gewohnheiten des „Christendoms" legen a priori ein Zentrum des Glaubens fest, das von einer entsprechenden globalen politischen Struktur geschützt wird, während die Herausforderung der Weltchristenheit darin besteht, die Aufmerksamkeit auf die dynamische Kraft des Evangeliums und den nicht festgelegten Charakter der Glaubensgemeinschaften zu richten. Lehre und Exegese sind wichtig, aber nicht ohne die Dimension der persönlichen Erfahrung und das Netzwerk zwischenmenschlicher Beziehungen.

Frage 24: Es entbehrt nicht einer gewissen Ironie, dass durch das Schuldbewusstsein über die Fehler, die der Westen auf dem Missionsfeld begangen hat, die Fehler gegen die, die immer noch dort sind, endlos fortgesetzt werden.

Aber wie dem auch sei, meine Frage ist, ob Sie glauben, dass es eine echte Konvergenz zwischen einem christlichen Afrika und einem säkularisierten Westen gibt, sieht man einmal auf das Ungleichgewicht der Stärke des christlichen Glaubens in den beiden Gesellschaften.

Antwort: Das ist eine Frage, an der man sich die Zähne ausbeißen kann. Ich weiß die Antwort nicht. Einige Autoren sagen, dass der Westen sich durch ein bestürzendes Faktum vor eine ziemlich große Herausforderung gestellt sieht, das Faktum nämlich, dass seine früheren bedenklichen religiösen und moralischen Überzeugungen jetzt in erster Linie von Gemeinden aufrechterhalten werden, die zu einem nachwestlichen Christentum gehören. Für den, der es so sieht, wird das alte militante Christentum sich erheben, um die Werte eines liberalen Westens zu bedrohen. Ich für mein Teil sehe es nicht als sehr wahrscheinlich an, dass von einem nachwestlichen Christentum ein solcher globaler Konflikt geschürt würde. Aber auch eine einfache Konvergenz, die aus der Reevangelisierung des Westens und einer Restauration seines bedenklichen religiösen Erbes resultiert, halte ich für unwahrscheinlich. Was einen gegenwärtig schon überrascht, ist der Gegensatz: Afrika ist dabei, ein christlicher Kontinent zu werden, und zwar sowohl zahlenmäßig als auch in kultureller Hinsicht, während der Westen in beiden Bereichen rasend schnell zu einer nachchristlichen Gesellschaft wird. Ob das auch eine entsprechende Entfremdung bedeuten wird, lasse ich dahingestellt. Vielleicht sollten wir das Thema vorerst lassen.

Frage 25: Ein atemberaubender Ausdruck „Afrika ein christlicher Kontinent". Für westliche Ohren klingt das geradezu abwegig. Würden Sie das noch näher ausführen? Sie meinen bestimmt mehr als statistische Veränderungen, oder?

Antwort: Ja, in der Tat. Es ist richtig, durch sein statistisches Gewicht gehört Afrika nunmehr zur christlichen Welt, und das erst seit kurzem. Darum ist dieser Gedanke so neuartig und dramatisch. Aber wir sollten nicht vergessen, dass der interkulturelle Prozess von fortgesetztem Vordringen und Rückzug den christlichen Glauben von Anfang an geprägt hat. Bethlehem und Jerusalem wurden von Antiochia und Athen abgelöst, Ägypten und Karthago machten bald Rom Platz. Konkurrierende Zentren vervielfältigten die Möglichkeiten weiteren Expandierens oder auch Schrumpfens. Irgendwann kam die Reihe an die nordatlantische Einflusssphäre, bevor die nächste bedeutsame Phase die christliche Religion in die südliche Hemisphäre brachte, wobei Afrika die jüngste Verschiebung zu einem neuen Kontinent darstellt. Dabei geht es nicht nur darum, neue Namen in die alten Bücher hineinzuschreiben, vielmehr handelt es sich um kulturelle Veränderungen, die die Bücher selber verändern. Diese Art von Fortsetzungsgeschichte des christlichen Glaubens ist den Menschen des Westens, die in einer nachchristlichen Kultur leben, weitgehend verborgen. Aber auch die Kirchen in Afrika wurden unvorbereitet davon getroffen und schaffen es kaum, die neuen Mitglieder zu integrieren, geschweige denn sie zu prägen und zu unterrichten.

Frage 26: Dann ist die Expansion also keine ungetrübte Erfolgsstory für die Kirchen?
Antwort: Nein. Expansion bringt Probleme hinsichtlich des Ausmaßes und des rechten Zeitpunktes mit sich. Mit dem Ende der Kolonialzeit kam auch das Ende der Missionsära. Man war sich einig in dem Urteil über ein Jahrhundert missionarischer Bemühungen: Alles Plage, wenig Gewinn. Als danach plötzlich riesige Fischzüge Neubekehrter in die Kirche drängten, war man fassungslos. Hatten die Boten aus dem Westen nicht ganze Nächte gefischt und kaum etwas gefangen? Wie hätten ihre schlecht ausgerüsteten Nachfolger vor Ort für den großen Fang vorbereitet sein können? Sie können sich vorstellen, dass es ungläubiges Staunen gab.

Frage 27: Viele im Westen bezweifeln, dass der christliche Glaube in Afrika oder sonst wo viel Gutes getan hat. Sie denken an das, was die weiße Herrschaft in Zimbabwe bzw. Rhodesien getan hat; was bei der weißen Notregierung in Kenia in den Fünfziger Jahren herausgekommen ist, die Folgen des calvinistischen Apartheidregimes; an die Völkermorde in Ruanda und Burundi; und schließlich in jüngster Zeit an die AIDS-Epidemie mit 4900 Toten täglich. Wo ist die gute Nachricht in dem allen?
Antwort: Schwer zu finden, zugegeben. Aber vielleicht ist der christliche Glaube gerade wegen solcher Krisen und der damit verbundenen Suche nach Heilung und Ganzheit eine starke Kraft im Leben der Afrikaner geblieben. Auch haben die Kirchen als größere soziale Institutionen Wirkungen, die in keinem Verhältnis stehen zu den wenigen Ressourcen, über die sie verfügen. Als soziale Institutionen wurden sie in die AIDS-Krise involviert, in Vermittlungsbemühungen in Ruanda und Burundi, in Bemühungen um Aufbau von Gemeinschaft, im Bildungssektor, in Frauenförderung, in Projekte für Frieden und Gerechtigkeit. Nicht zu vergessen, wie die christlichen afrikanischen Führer die weiße Macht in Südafrika herausgefordert haben und für Wahrheit, Vergebung und Versöhnung gearbeitet haben.

Aber ich muss noch einen Vergleich mit dem Westen selbst anschließen. Schließlich hat es im Westen zwei von den christlichen Ländern Europas geführte Weltkriege gegeben, die den Rest der Welt in Brand setzten. Der einzige Sohn meiner Großmutter, Mamadi Sidibe, fiel in einem dieser Kriege als britischer Soldat. Seine Witwe wurde von seinem Tod nie in Kenntnis gesetzt, und ihre überlebende Tochter, meine Kusine, lebt in bitterer Armut. Darüber hinaus hat der christliche Glaube weder den Kalten Krieg noch die Verbreitung von Atomwaffen, die damit einherging, verhindert. Ich weiß nicht, welche Schlussfolgerungen wir aus dem Gesagten ziehen sollen außer, dass die Geschichte des christlichen Glaubens sich immer noch entfaltet und sich in Afrika neue Wege bahnt. Wir wissen noch nicht, wie diese Geschichte enden wird. Alles, was wir wissen, ist, dass noch viel mehr sich dieser Geschichte anschließen wollen. Und bis jetzt gibt es wenig Anzeichen dafür, dass ein christliches Afrika die Katastrophen des christlichen Europa wiederholen wird.

Ich schätze die Sache folgendermaßen ein: Das afrikanische Christentum ist nicht eine Religion der Kriege: Es gab keine Inquisition, die Ungläubige, Ketzer und Hexen zum Tode verurteilte, keine blutigen Kämpfe um Lehre und Kirchenverfassung, keine territorialen Arrondierungen durch Kirchen, keine Djihads gegen Ungläubige, keine Fatwas gegen Frauen, kein Abschlagen von Gliedmaßen, Lynchjustiz, Ächtung, Bestrafungen oder öffentliche Verurteilungen für abweichende Lehren. Die Grenzen der Konfessionen sind nicht mit dem Blut der Feinde gezogen worden. In dieser Hinsicht unterscheidet sich zumindest das afrikanische Christentum bemerkenswert vom „Christendom" des 16. und 17. Jahrhunderts.

Frage 28: Nun gut, aber gibt es nicht Sekten und Denominationen, also Denominationalismus in Afrika?
Antwort: Ja und nein! Ja, wenn Sie mit Denominationalismus eine Verbreitung verschiedener Kirchen und der Sekten, die sie hervorbringen, meinen. Übrigens sind viele dieser Gruppen von Europa und Nordamerika dorthin gekommen. Afrika hat dem noch eigene hinzugefügt, mehr als 70 mal 7. Dagegen nein, wenn Sie mit Denominationalismus die Ideologie von Intoleranz, Absolutheitsanspruch, Schichtenbildung und Klassenunterschieden meinen. In den regierenden Klassen ebenso wie unter den Armen finden sich Anhänger der verschiedensten Kirchen und Denominationen. Die Trennungslinien zwischen den Denominationen sind häufig eher Verbindungen als Barrieren, besonders seit dem Zweiten Vatikanum, aber oft auch schon vorher.

Frage 29: Halten Sie den Eindruck für zutreffend, dass in Afrika der christliche Glaube keine größeren theologischen oder verwaltungstechnischen Prob-

leme zu lösen hat und dass Massenerregung Mitgliedschaft, Identität und tieferes Verständnis ersetzen kann?
Antwort: Nein, das wäre unzutreffend. Die Ausbreitung des christlichen Glaubens hat zahlreiche knifflige Probleme im Bereich der kirchlichen Hierarchie und der religiösen Interpretation aufgeworfen, aber die Expansion ist noch so frisch, dass die Kirchen im ersten Stadium der Bestandsaufnahme sind. Es wird die Fischernetze Berufung, Bildung und apostolische Strukturen brauchen, um Unordnung und Enttäuschung zu verhindern. Erregung kann Gehorsam nicht ersetzen. Aber es ist das Wachstum, das die Bestandsaufnahme erfordert. Es erfordert sowohl ein Mehr an Gebäuden als auch eine Weitung des Horizonts für neue Modelle von Glaubenswahrheit und Glaubensgemeinschaft.

Frage 30: Noch einmal zurück zu den Zahlen! Sie haben eine Menge Fakten und Zahlen geliefert, sind aber zu schnell darüber hinweggegangen. Sie haben darauf hingewiesen, dass seit dem Ende der Kolonialherrschaft mehr Menschen Christen wurden als in der gesamten Zeit der Kolonialreiche. Das ist für viele Menschen im Westen schwer zu verstehen. Wie können Afrikaner Christen werden, bevor sie zivilisiert wurden? Und wie können sie zivilisiert werden, wenn nicht durch europäische Herrschaft? Das sind eine Menge Fragen, aber Sie sehen, worauf ich hinaus will. Was passiert heute? Hat sich das Tempo wieder verringert?
Antwort: Ich sehe, worauf Sie hinaus wollen. Aber ich will erst einmal nur die Frage nach dem Wachstum und seinem Tempo beantworten. Das Tempo hat sich nicht verlangsamt. 1970 gab es schätzungsweise 120 Millionen Christen in Afrika, 1998 sprang diese Zahl auf knapp 330 Millionen, 2000 auf 350 Millionen. Die Prognosen für 2030 lauten auf 600 Millionen Christen. Wenn diese Prognosen stimmen – ich würde nicht unbedingt meine Hand dafür ins Feuer legen – wird Afrika, abgesehen von Südamerika, der Kontinent mit den meisten Christen sein.

Bekehrung, Synkretismus, interkulturelle Horizonte

Frage 31: Das ist, wie ich schon einmal sagte, unglaublich. Was speist diese außergewöhnliche Explosion?
Antwort: Ich habe mehrere Faktoren schon genannt: Das Ende der Kolonialherrschaft; die Wirkungen der Entwicklung der Muttersprache und der Bibelübersetzung; indigene kulturelle Erneuerung und eigene Aktivität vor Ort; und der theologische Antrieb, der von der Übernahme der afrikanischen Namen

für Gott ausging. Ein westliches Publikum würde lieber etwas über wirtschaftliche und politische Gründe hören: Die Anziehungskraft des Westens, die Suche nach Sicherheit, der Bedarf an ausländischer Hilfe, die Macht internationaler Beziehungen und Zugehörigkeit, Enttäuschung über den Kollaps von Institutionen und Strukturen in Afrika. Aber diese westliche Art der Annäherung an das Phänomen lässt offen, was Ursache und was Wirkung ist. Es ist, als wollte man Wind und Baum trennen: Hat der Sturm der politischen und ökonomischen Umwälzungen die Bekehrungen aufgewirbelt oder haben die Bekehrungen nur die begrenzte Bedeutung der politischen und wirtschaftlichen Unruhen bewiesen? Vielleicht hat ja Gott etwas damit zu tun.

Frage 32: Ich sehe jetzt, dass westliche Erklärungen post factum unbefriedigend sind. Z.B. ziehen sie historische Fakten zu wenig in Betracht oder dass Aktivitäten vor Ort wohl überlegt sind. Aber wenn wir akzeptieren, dass die Gründe, die die Expansion des christlichen Glaubens hervorgebracht haben, indigene sind: Sagen Sie dann damit, dass christlicher Glaube nur eine Angelegenheit der kulturellen Nähe war, also, dass die Afrikaner diese Religion begrüßten, weil sie einem ihrer alten Kulte ziemlich ähnelte?
Antwort: Ja und nein! Man nimmt neue Vorstellungen nur in Begriffen der bisherigen Vorstellungen an und von daher gesehen, ja, haben Afrikaner den christlichen Glauben begrüßt, weil er eine vertraute Saite in ihnen zum Klingen bringt. Das Kinderlied *Mary had a little lamb* schlägt vielleicht eine Saite jenseits bloßer unterhaltsamer Zerstreuung an, weil es, übersetzt in die Gefühlswelt der alten Kinderlieder, schlafende Erinnerungen an das Mädchen als hütenden Geist der Herden weckt, das einst in den Kinderliedern des alten Dorfes gepriesen wurde.

Aber: nein, wenn Sie mit kultureller Nähe eine Religion meinen, die keine Anforderungen an Zuneigung, Loyalitäten, Haltungen und Verhalten stellt. Die afrikanischen Religionen hatten klare Regeln für falsch und richtig, aber ihre Gültigkeit war begrenzt auf die Familie, die Sippe, das Dorf, den Stamm. Gesellschaften aus kleinen Gruppen schirmten die Menschen vor Einflüssen von außen ab, so dass für sie keine Notwendigkeit bestand, ihre Weltsicht zu verändern. Der christliche Glaube beantwortete diese historische Herausforderung, indem er die Weltsicht wohl veränderte, sie aber mit den alten Moralvorstellungen verknüpfte, statt sie über den Haufen zu werfen. Die alten magischen Handlungen waren kraftlos geworden, und das ließ in den Menschen den starken Wunsch nach einem machtvollen Gott laut werden. Sie fühlten zutiefst, dass Jesus ihr religiöses Sehnen und ihren Schrei nach einem unüberwindlichen Retter ernst nahm, und schlugen ihre heiligen Trommeln für ihn, bis die Sterne am Himmel sprangen und tanzten. Nach diesem Tanz waren die Sterne nicht mehr klein. Der christliche Glaube half den Afrikanern, erneuerte Afrikaner zu werden, nicht nachgemachte Europäer.

Frage 33: Okay, das klingt einleuchtend. Aber hier meine Frage: Was ist Bekehrung? Können Sie das knapp und präzise sagen?
Antwort: Bekehrung heißt sich ganz Gott zuzuwenden, ohne etwas auszulassen. Aber das bedeutet auch, dass man nicht etwas, was da ist, durch etwas anderes ersetzt. Bekehrung ist ein Neueinstellen des geistigen Lebens und seines kulturellen bzw. sozialen Unterbaus sowie unserer Gefühle, Affekte und Triebe im Lichte dessen, was Gott in Jesus getan hat. Das ist die knappste und präziseste Definition, die ich geben kann.

Frage 34: Und wie unterscheiden Sie das von Synkretismus?
Antwort: Der Unterschied liegt für mich darin, dass die christliche Botschaft in dem Prozess, durch den sie in existierende örtliche Systeme eingepasst wird, erkennbar christlich bleibt, also dasselbe, was durch die Griechen in Alexandria, Antiochien, Athen und Ephesus mit dem jüdischen Erbe Jesu geschah. Synkretismus ist die Vermischung von christlichen Vorstellungen mit lokalen Bräuchen und Ritualen, wobei die unvereinbaren Elemente im Grunde nebeneinander stehen bleiben. Das führt kaum je zu der Art erfüllender Verwandlung, die durch Bekehrung und Kirchenmitgliedschaft angezeigt wird. Im Übrigen gebrauchen wir den Begriff Synkretismus für die Art von Religion, die wir nicht mögen. Niemand nennt sich selbst Synkretist! Es ist eine Bezeichnung, die wir für andere benutzen und das nicht als Kompliment. Wir wollen ihn fallen lassen, es sei denn, wir sind bereit, ihn auch auf unsere religiöse Praxis anzuwenden.

Frage 35: Ich möchte mich noch einmal vergewissern, ob ich Sie richtig verstanden habe: Bekehrung ist ein fundamental innerer Prozess, nichts äußerlich Aufgezwungenes, und es sind die Bekehrten selbst, die sich am besten vor Gott darstellen können - ohne fremde Hilfe. Ist das richtig?
Antwort: Ja.

Frage 36: Aber heißt das nicht dem Individualismus Tor und Tür zu öffnen?
Antwort: Nein. Vielmehr ist es kulturelle und persönliche Integrität, die in der Solidarität mit Gott und seinem Volk gründet.

Frage 37: Aber es ist doch das Individuum, das sich bekehrt, denn man kann sich bei der Bekehrung nicht vertreten lassen, oder? Bekehrung heißt nicht, dass man eine Kultur mit fremdem Gedankengut füllt, oder doch?

Antwort: Nein, das nicht. Aber das Individuum bekehrt sich nicht zu sich selbst, sondern zu Gott. Sie oder er bekehrt sich zu Gott und das ist ein sozialer Akt, bei dem man sich mit einer unterscheidbaren Glaubensgemeinschaft identifiziert und mit anderen, die zu einem Leben aus dem Glauben berufen sind. Der individuelle Akt der Bekehrung ist keine Ablehnung von Gemeinschaft, sondern bietet einen Anlass für Gemeinschaft.

Frage 38: Woher können wir die Gewissheit haben, dass die Menschen verstehen, wozu sie sich bekehren?
Antwort: Aus der Antwort des Glaubens, die sie frei geben.

Frage 39: Aber müssten wir diese Antwort nicht beurteilen können und sehen, ob sie echt ist?
Antwort: Darauf möchte ich mit einer rhetorischen Frage antworten: Können wir wirklich die Motive anderer Menschen untersuchen, ohne ihre moralische Integrität in Frage zu stellen? Verletzen wir nicht das Grundprinzip ihrer Würde als Menschen und als Gottes Kinder, wenn wir ihr Recht auf Freiheit in diesem Punkt bestreiten? Zu beurteilen, wer ein Gläubiger ist und wer nicht, macht meiner Meinung nach aus Religion eine Frage persönlicher Vorliebe und ist selbst nur ein Zeichen von schreiendem Individualismus. Wenn man an dieser Stelle anfängt, wo will man Halt machen? Wenn Sie das Recht darauf haben, für oder gegen Religion zu sein, andere aber nicht, sprechen Sie dann nicht die Freiheit, die Sie sich selbst zubilligen, anderen ab? Das kann man doch nicht guten Gewissens tun, oder? Glaube, der auf Überzeugung beruht, fördert den Geist von Freiheit und Toleranz, während Unterdrücken oder Aufzwingen des Glaubens den Geist erstickt. Darum sagt die Kirche, dass niemand gegen seinen Willen gerettet werden kann. Die Bekehrung macht die Mittel des persönlichen Überzeugens übereinstimmend mit dem Ziel der persönlichen Integrität.

Frage 40: Bei allem Respekt – ich kann nicht zustimmen. Wenn wir sagen, dass christliche Religion das ist, was die Leute sagen, dann würden, glaube ich, die widerstreitenden Behauptungen über Religion sie zu einem bedeutungslosen Durcheinander machen, mit unverdauten Einzelteilen, die zwischen verschiedenen Gebieten menschlichen Bemühens herumliegen und die keiner haben will. Sicher sind Sie mit mir einer Meinung, dass man, um einen Begriff von Religion zu haben, irgendwo eine Grenzlinie ziehen muss.
Antwort: Ja, wenn man an die Gemeinschaft denkt, die religiöse Traditionen braucht, muss man die Linie irgendwo ziehen, aber nicht auf Kosten des unabhängigen Gewissens. Natürlich ist dadurch nicht die Notwendigkeit von Struk-

turen der Verkündigung, des Unterrichts, der Apologetik und der anderen Wege, auf denen sich Glaubenstradition weiterentwickelt und erhält, bestritten. Um Ihre Frage nach der Grenzlinie zu beantworten: Wie man Glaubenshingabe erkennt, hat zu tun mit Identität und Abgrenzung. Glaubenstradition entsteht nicht dadurch, dass eine einzelne Person sagt, sie sei Christ, sondern durch die Glaubensgemeinschaft, in der ein solches Bekenntnis gedeihen kann. Wenn Sie unbedingt eine Linie ziehen wollen, dann lassen Sie es eine lebendige Verbindungslinie sein, die Wachstum und Ausdehnung zulässt.

Religion und Individuum – philosophisch betrachtet

Frage 41: Tut mir leid, aber das kann ich nicht so stehen lassen. Wenn wir voraussetzen, dass es Gott ist, zu dem man sich bekehrt: Wie kann der Geist eines Eingeborenen eine so erhabene Idee ohne ordentliche Belehrung erfassen?

Antwort: Verlässliche Kenner haben berichtet, dass im Zentrum der religiösen Erfahrung des Afrikaners eine schöpferische Macht mit einem Namen und einer Funktion steht. Solche Berichte stimmen mit den frühesten Zeugnissen überein. So ließ ein heidnischer Ältester einen ihm gut bekannten Verwalter der Kolonie wissen:

> „Gott und Jesus gehören nicht nur den Protestanten und Katholiken. Sie gehören auch den Heiden. Sie haben dort im Himmel keinen Zaun um sich und wir müssen nicht in einen umzäunten Missionshof laufen, um ihn hier auf der Erde zu finden. Sie sind überall wie Auriaria und Tabuariki und Tituaabine. Wir können sie zu unsern eigenen Freunden machen, wenn wir das wollen. Und einige von ihnen taten genau das, indem sie einfach diese mächtigen Namen in ihrer heilbringenden Magie gebrauchten."[4]

Kein Unterricht durch Missionare war nötig, um die Vorstellung von einem persönlichen Gott einzuführen.

Frage 42: Aber es ist doch ein Faktum, dass primitive Menschen Bäume, Tiere, Natur oder übermenschliche Wesen als Gott ansahen und überhaupt alles, was ihnen Angst machte oder sie verwirrte. Monotheismus hat sich doch von einem abergläubischen Polytheismus aufwärts entwickelt. Sinnvollerweise kann man sich vorstellen, dass Afrikaner zugleich mit der Verbesserung ihrer materiellen Lebensumstände von der Versklavung durch die Launen der Natur

---

4 Arthur Grimble, A Pattern of Islands, London 1960, S. 120.

und der irrigen Vorstellung von vielen Göttern in Stufen zu dem verfeinerten philosophischen Ideal des einen Gottes emporgestiegen sind. So wie Buschpfade verschwinden, um für Straßen und Autobahnen Platz zu machen, löst sich der Stamm schrittweise in einzelne Lohnarbeiter auf, die ihre Familien ernähren können. Die Kinder dieser Lohnarbeiter, die in den neuen Townships aufwachsen und nicht mehr den Riten ihres Dorfes anhängen, gehen zur Schule und kommen mit Kindern anderer Stämme zusammen. Wenn sie lesen gelernt haben, werden sie Angestellte und werden, mit einer Postadresse, zu erfassten Untertanen des Staates. Statt in Rundhütten und auf Matten wohnen sie jetzt in rechteckigen Häusern und richtigen Betten. Das neue Medium der Verständigung ist eine europäische Sprache, die einzige Sprache, die die Kinder in der Schule verband. Diese Sprache, die Sprache von Geografie, Geschichte, Mathematik und Physik bietet Zugang zu der Welt rationalen Denkens und der Erkenntnis seiner selbst. Sie zerreißt den begrenzten Kreis von Gottheiten und dem Stammeshorizont, um ein nie gekanntes kosmopolitisches, vom Stammesdenken nicht verdorbenes Weltbild zu eröffnen. Solange man ihn nicht durch ein Newton'sches Prisma sieht, ist der Regenbogen Gottes Lächeln. Haben sich Stammesreligionen nicht so entwickelt?
Antwort: Sie entwickeln eine bemerkenswerte Eloquenz. Aber die ganze Diskussion über die Entwicklung der Religion ist unglücklicherweise nicht so produktiv gewesen, wie Robertson Smith, Sigmund Freud, Lévy-Bruhl, Edward Tylor, Durkheim und Herbert Spencer einst dachten. Ich glaube nicht, dass es hilfreich ist, zu ihr zurückzukehren, es sei denn, Sie bestehen darauf. Dagegen spricht historisch alles dafür, dass ein unbezweifelbares Bild des einen Gottes auftaucht, der wie eine transzendente Gegenwart vor den so genannten Stammesangehörigen steht, der persönlich und vor allem ist (vgl. die Sicht von Wilhelm Schmidt und Hermann Baumann). Das verträgt sich nicht mit der Ansicht, dass die afrikanischen Religionen einfach naturalistische Projektionen sind. Kein Geringerer als Sir James Frazer hat gesagt: „Der Geist des Menschen weigert sich, sich mit den Sinneswahrnehmungen zufrieden zu geben."

Frage 43: Ich bin nicht bereit aufzugeben. Gott als eine philosophische Idee ist ungeschaffen, unendlich, ohne Gestalt, unzugänglich. Der afrikanische Stammesangehörige dagegen ist so gefesselt von der unvorhersehbaren Kürze seines Lebens, das auch noch von Grausamkeit und Entbehrungen geprägt ist, dass er zu keiner rationalen Vorstellung von einer Realität jenseits dieses Lebens gelangen kann. Da sein infantiles Bedürfnis nach väterlicher Geborgenheit noch ungestillt ist, projiziert er das in einen alles duldenden Hokuspokus hinein. Furcht und die Grundbedürfnisse fesseln seinen Geist, der so festgebannt ist in dem Kreis der Selbstrechtfertigungen, dass er nicht frei ist für die Aufgabe der kritischen Selbstreflexion. Glauben die Stämme, die auf die Natur als ihren Zaubermeister fixiert sind, nicht deshalb, dass das, was Sie eine lebendige Linie nennen, sie mit den Phänomenen der Natur verbindet? „Twinkle, twinkle, little stars" wurde zu winzigen winkenden Gottheiten am Himmel. Der Stammesangehörige macht einen falschen Übergang von *nomina* zu *numina*, von Zufall zu Ursache, von Perzeption zu Konzeption und ist noch nicht zu einer logischen Vorgehensweise in der Lage. So ist er ein Gefangener seiner Vorstellungen, gefangen in den Schwankungen der Natur, die ihn foppt mit ihren Schauern und foltert mit ihren Schrecken. Wie das bekannte Lied von Bischof Reginald Heber sagt: „Der Heide in seiner Blindheit fällt nieder vor Holz und Stein." Ich brauche nicht extra zu betonen, dass diese Sichtweisen auf allgemein anerkannten objektiven Maßstäben beruhen, die aus Studien über die Entwicklung des geistigen Lebens abgeleitet sind.[5] Warum sollte der erhabene Gott des Christentums, der über Jahrhunderte durch intellektuelle Anstrengung zu einem hochgeistigen Gedankengebäude weiterentwickelt wurde, einer Kultur von Analphabeten etwas zu sagen haben? Sind die individuellen Bekehrungen nicht auf Sand gebaut?

Antwort: Sie provozieren und ich werde darauf eingehen. Es gibt verschiedenartige Heiden, denn offenbar hatte Kipling andere Heiden im Sinn, wenn er davon spricht, dass „Heiden ihr Vertrauen auf qualmende Rohre und Eisensplitter setzen", womit er Europäer meint. Ihr Argument könnte ebenso gut auf die virtuelle Welt von Hollywood bezogen werden, wo sich kultivierte Leute zur Abwechslung mit den Sinneswahrnehmungen zufrieden geben, indem sie ihr Bild von der Welt ebenso leichtgläubig aus den Fantasiebildern des Bildschirms konstruieren, mit dem glitzernden Hokuspokus von Sinneseindrücken, mit Helden und Heldinnen, die vom Bildschirm zu gottähnlicher Verehrung im wirklichen Leben hüpfen. In dieser Fantasiewelt wirft die virtuelle Wirklichkeit einen Zauber auf die Erfahrung der wirklichen Welt, wobei das Leben die Kunst imitiert. Kino und Fernsehen haben Macht über Menschen. Der „Stammesangehörige" ist also nicht anders, wenn es darum geht. Das könnte Sie nachdenklich stimmen über die Frage, ob sich überhaupt etwas geändert hat beim Übergang in die Moderne, die die visuellste aller Kulturen ist.

Was Ihren Anspruch auf Objektivität betrifft, so wäre ich an Ihrer Stelle bescheidener, denn mir ist unklar, was objektiv daran ist, wenn man Behauptun-

---

5 S. Sir Karl Popper, Die offene Gesellschaft und ihre Feinde, Tübingen 2003

gen über andere Kulturen aufstellt, die auf den Gewissheiten der eigenen Kultur beruhen. Wenn Sie erst einmal andere Kulturen als den Westen von dem ausschließen, was Sie allgemein anerkannte objektive Maßstäbe nennen, dann steht das „Allgemeine" auf ebenso unsicheren Füßen wie die Bekehrung.

Um Ihren Argumentationsfaden wieder aufzunehmen: Mir scheint, Sie fragen dieselbe Frage auf verschiedene Weise. Ich will versuchen, die Diskussion voranzubringen, und darauf hinweisen, dass uns der Entwicklungsgedanke bezüglich des Augenscheins der religiösen Praxis in afrikanischen Gesellschaften in die Irre geführt hat. Er hat uns dazu gebracht, nach einem phasenweisen Übergang von primitivem Polytheismus zu einem sich höher entwickelnden Monotheismus zu suchen. Dabei ist uns entgangen, dass dieselben Afrikaner, die Gott als den einen dachten und anbeteten, auch an einer Verehrung geringerer Gottheiten als göttlichen Hypostasierungen, als den Brechungen und Erscheinungen Gottes festhielten. Es ging nicht um ein Entweder-Oder, sondern um den einen Gott, der viele Eigenschaften hat, ganz ähnlich wie in der alttestamentlichen Vorstellung und Praxis.[6]

Frage 44: Ein Bild sagt mehr als tausend Worte. Ein gut gewähltes Beispiel kann einen Punkt lebendiger machen als eine allgemeine Theorie, wofür Theologie leider eine besondere Schwäche hat. Theologen suchen Schutz hinter der Chinesischen Mauer altertümlicher Abstraktion und haben eher ein verfeinertes Interesse an Theorie als an Begegnung mit der Religion wirklicher Menschen. Jedenfalls, können Sie ein konkretes Beispiel für die Art theologischen Denkens geben, die, wie Sie sagten, bei afrikanischen Eingeborenen auftritt?
Antwort: Ja, das kann ich. Sie haben übrigens genau den Punkt getroffen, was den blinden Fleck der Theologie für dynamische Bilder angeht - und das bei ihrer enormen Bedeutung in der Religion. Wir haben ein verblüffendes Beispiel einer artikulierten, präzisen Reflexion über Gott von Eingeborenen. Aufgrund ihrer Benachteiligung durch die Natur könnte man sie für unfähig halten, Gott begrifflich zu erfassen. Eine Tradition politischer Zentralisation und einer entsprechenden Wirtschaftsorganisation, für Europäer die Basis vernunftgemäßen Denkens, haben sie nicht. Es ist das an vielen Stellen zitierte Glaubensbekenntnis der Pygmäen im Kongo. Wir sind weder durch ihre Kultur noch durch ihre Natur, die sie einschränkt und benachteiligt, vorbereitet auf die prägnante Einsicht folgender Worte:

---

6 Aubrey Johnson, The One and the Many in the Israelite Conception of God, Cardiff 1961

Am Anfang war Gott,
Heute ist Gott,
Morgen wird Gott sein.
Wer kann ein Bild von Gott machen?
Er hat keinen Körper.
Er ist ein Wort, das aus deinem Munde kommt.
Jenes Wort! Es ist nicht mehr (da),
es ist vergangen, und lebt doch noch!
So ist Gott.
Oder wie die Herero in Namibia es ausdrücken: Gott, den sie Ndjambi Karunga nennen, ist derjenige, der den Himmel besitzt, er ist nicht bei den Gräbern, er ist ein Gott des Segens, der niemandem zürnt und niemanden straft. In diesem Weltbild sind menschliche Wesen moralisch und sozial konstituiert, und so ziemt es sich für sie, in ihren Werken und Beziehungen an Gott zu denken. Dementsprechend gibt ein Stamm seinen Mitgliedern Sicherheit: Der Tod kommt nicht zu einem, für den gebetet wird; vielmehr kommt der Tod zu jenen, die auf ihre eigene Kraft, auf „qualmendes Rohr und Eisensplitter" vertrauen, ein ferner Widerhall der gnostischen Behauptung Alfred North Whiteheads, dass Religion aus dem besteht, was Einzelwesen mit ihrer eigenen Einsamkeit machen.[7] Aus Sicht der Psychologie entspringt die Religion aus der eigenen Natur des Menschen, soziologisch gesehen liegt sie in der Rolle des Menschen in der Gesellschaft und der Welt, während sie nach der Anthropologie ihren Ursprung in den Mythen der Primitiven hat. So ist Religion im Endeffekt eine Illusion, dazu bestimmt, sich aufzulösen, wenn es Fortschritte in der Vernunft und Verbesserung in den Lebensumständen gibt.
Wie ich zuvor schon sagte, bekehrt man sich zu Gott; ich habe nicht gesagt, dass man sich zu Theorien der Europäer oder anderer Leute bekehrt. Mir ist dabei klar, dass Bekehrung das Evangelium durch den Schmelztiegel seiner gastgebenden Kultur gehen lässt, aber in Bezug auf das Geschenk Gottes ist Europa nicht der Gastgeber für Afrika, meinen Sie nicht auch? Das Evangelium ist kein Glaubensbekenntnis für rassische Überlegenheitsgefühle.

Frage 45: Es fehlte nicht viel, und du wirst mich noch bereden, wie der greise Agrippa sagt, voll Anerkennung für die Beredsamkeit des Apostels (Apg. 26,28). Was Sie sagen, finde ich sehr spannend, aber an einer Stelle habe ich noch einen gewichtigen Einwand: Der materielle Reichtum der Europäer hypnoti-

---

7 A.N. Whitehead, Religion in the Making, Cambridge 1927, S. 6

sierte die Eingeborenen derart, dass sie für ihre Begierde nach europäischen Gütern ein Bild im Himmel schufen. Ewige Herrlichkeit bestand aus gutgenährten, elegant gekleideten, verwöhnten Leuten, die sich in Sesseln lümmeln oder in großen Wagen umhergefahren werden und den Rauch ihrer Zigarren aufsteigen lassen. Ein solches Bild von den Europäern und ihren Erfindungen hat sich in der Vorstellung der Wilden, infantil wie sie waren, festgesetzt und beeindruckte sie. Schon zwei oder drei Europäer genügten dafür. Ein oberflächlicher christlicher Glaube wurde so zu einem Cargokult, um den Appetit auf seichte Religiosität zu stillen. Untergräbt das nicht Ihre Behauptung vom so genannten Vorzug indigener Theologie?

Antwort: Da bin ich mir nicht sicher. Cargokulte waren auch eine mächtige Widerstandskraft gegen den Angriff der Europäer auf indigene Gesellschaften. Übrigens waren nicht alle frühen Religionen Cargokulte, und nicht alle Cargokulte waren dem christlichen Glauben freundlich gesonnen. Diejenigen, die es waren, hatten ihr Aussehen durch die Begegnung vollständig verändert. In Wahrheit prägten eher Auseinandersetzung und Zweifel als materielle Anreize oder Wunscherfüllung den Weg zur Bekehrung und zu eigener kritischer Orientierung. So will ich weiterhin eine Lanze brechen für den Vorzug der indigenen Theologie, insbesondere in Verbindung mit dem Einfluss der Bibelübersetzung.

Die indigene Entdeckung des christlichen Glaubens

Frage 46: Lassen Sie mich zu einem andern Thema wechseln: Welche Beschreibung des Prozesses ist hilfreicher: zu sagen: Die Christen haben die Indigenen entdeckt oder: die Indigenen haben das Christentum entdeckt? Was steht bei dieser Unterscheidung auf dem Spiel?

Antwort: Christliche Entdeckung der indigenen Gesellschaft heißt, dass Missionare aus dem Westen nach Afrika oder Asien kommen und Leute bekehren, oft auch durch politische Anreize oder materielle Verlockungen. Dagegen heißt indigene Entdeckung des christlichen Glaubens, dass Menschen an ihrem Ort der christlichen Religion durch ihre Muttersprache und damit als urteilsfähige Personen im Licht ihrer eigenen Bedürfnisse und Erfahrungen begegnen. Die Betonung liegt dann auf den unbeabsichtigten Konsequenzen vor Ort und lässt den Weg für lokale Handlungsträger offen. Die Entdeckung durch die Christen hingegen schaut auf den Ursprungsimpuls und die westliche Prägung der Religion. Das eine betont die Übermittlung von außen, das andere die Aneignung von innen.

Frage 47: Glauben Sie denn, dass das Christentum neu erfunden werden sollte und Glaube genealogisch aus den Stammeswerten hervorgehen sollte als dem, was man euphemistisch Ahnenverehrung nennt?
Antwort: Das kann man mit Recht fragen. Ja, Neubekehrte in einer zuvor nicht evangelisierten Kultur machen die Erfahrung eines Neubeginns in ihrer religiösen Erfahrung. Aber der frische Eindruck der Begegnung mit dem Glauben führt eher zur Bekehrung als zur Neuerfindung. Der christliche Glaube ist kein Kleid, das man nach den Anweisungen eines vergangenen goldenen Zeitalters macht, aber auch keine Patchworkdecke ohne Gesamtdesign. Der christliche Glaube ist ein vielfarbiger Stoff, bei dem jeder Faden, den der Schöpfer auswählt, dem Ganzen mehr Glanz und Festigkeit verleiht. In diesem Muster möchte ich die Bedeutung eingewebter Solidarität mit den Glaubensgenossen betonen, und zwar den vergangenen, gegenwärtigen und zukünftigen.

Frage 48: Dazu können Sie sicher noch mehr sagen. Schließt der Ruf zum Glauben nicht logischerweise auch die Möglichkeit der Ablehnung des Glaubens mit ein? Und führt das nicht dazu, dass sich die Aufmerksamkeit möglicherweise auf die Strategie richtet statt auf Gott als Objekt des Glaubens? Bringt das nicht in Ihren Stoff einen Fetzen menschlicher Zweideutigkeit, der das Muster stört?
Antwort: Glaube ist keine entmilitarisierte Zone, um die Metapher zu wechseln. Er braucht Zusammenstoß, Risiko, Kampf, Leiden, Entscheidung, Gnade und Erlösung. Es ist darum nicht schlimm für den Glauben, dass Menschen ohne Zwang wählen und entscheiden, wie groß das Risiko menschlicher Verstrickung auch sein mag, ohne dies würde der Glaube aufhören zu bestehen. Niemand kann gegen seinen Willen gerettet werden, obwohl der Wille, zum Eigenwillen geneigt, kein Ziel in sich selbst ist. Man bekehrt sich nicht zu Menschen, Techniken, nicht einmal zu Theorien, sondern zu Gott, bei dem unsere wahre Freiheit liegt; und der Beweis dafür ist das Wissen und die Liebe, für die Gott sich verbürgt. Was Gott geschenkt hat, kann man nur durch Gott selbst wissen und durch andere, die Gott auswählt. Dieses Wissen, von Leiden und Kampf gezeichnet, mag wechseln, aber Gott hat es uns gewährt, ebenso wie die Gnade. Auch wenn es unvollkommen ist, verdammt es uns nicht. Die Tatsache, dass Gott uns kennt, wird existenziell, wenn wir zustimmen, so gekannt zu werden. So gelangen wir zu unserer tiefsten Menschlichkeit, weil Gott uns das Leben eingehaucht hat. Darum geht es bei Glaube und Bekehrung.

Übereinstimmung zwischen westlichem und afrikanischem Christentum?

Frage 49: In dem, was Sie sagen, ist implizit die Vorstellung enthalten, dass es für Europäer von Afrikas Begegnung mit dem christlichen Glauben einiges über den christlichen Glauben und über sich selbst zu lernen gibt. Das möchte ich gern verstehen. Ist es das, was Sie meinen?
Antwort: Ja.

Frage 50: Was heißt das im Lichte Ihres Statements darüber, dass Bekehrung zu Gott etwas anderes ist als Bekehrung zu den Gedanken anderer über Gott. In der Theologie geht es nicht um Berechnung von Plätzen in der Kirchenbank, noch ist, wenn ich schon vorausgreifen darf, Bibelübersetzung ein Crashkurs im Abwerben, stimmt's?
Antwort: Nein, damit hat es weder Theologie noch Bibelübersetzung zu tun, aber Religion hat es auch nicht mit leeren Kirchenbänken zu tun. Grenzen zu überschreiten ist für die Theologie verheißungsvoller als Regeln, die bestimmen, innerhalb welcher Grenzen sich der Verstand betätigen darf. Theologie kann nicht länger von dem Vermächtnis gepachteter Kirchenbänke leben. Wie ich eingangs darlegte, legte die Übernahme der lokalen Gottesnamen für den personalen Gott der Bibel den Grund für mögliche Bekehrungen und Erneuerung in großem Umfang. Davon können die Europäer viel Einsicht gewinnen.

Zum andern tut es dem Westen gut, zur Kenntnis zu nehmen, dass die kulturelle Veränderung durch die Begegnung des christlichen Glaubens mit den Religionen und Gesellschaften Afrikas in eine sehr verheißungsvolle historische Phase für das Evangelium geführt hat. Diese Phase zeigt keine Spur von der pessimistischen Prognose, die für die Entwicklung der Religion vorausgesagt wurde. Ich sehe nicht, wie Europäer fortfahren können – und ich hoffe inbrünstig, sie tun es – den christlichen Glauben zu studieren und zu lehren, ohne diesen Beispielen der erfolgreichen grenzüberschreitenden Ausbreitung in den nachkolonialen Gesellschaften erhöhte Aufmerksamkeit zu widmen. Dieses neue Weltchristentum hat die Kraft, die Kirche zu erneuern, die von ihrem Pakt mit dem Säkularismus erschöpft ist.

Frage 51: Aber der Großteil der theologischen Literatur wird weiterhin im Westen produziert, woran man sieht, dass der Westen noch immer einen Bonus bei der theologischen Auseinandersetzung genießt. Unter dieser Voraussetzung: Was könnte für die Kirche der größere Nutzen von dem sein, was im christlichen Afrika passiert?
Antwort: Alle müssten etwas davon haben. Die traditionelle Exegese, die im Westen praktiziert wurde, hat, scheint's, den Zenit überschritten. Es gibt in-

zwischen zu viel Wiederverwertung und Ausverkauf und eine zu starke Tendenz, Verschiedenheit zu unterdrücken, sodass meiner Meinung nach alles ausgereizt ist. Die Standardexegese spinnt den Glauben in immer feinere Netze ein. In Afrika und anderswo gibt es jedoch genug Sinn fürs Praktische, sodass neues Material in die Bibel, in Gebete, Lieder und in die Liturgie eingeführt wird. Das wiederum hat Auswirkungen darauf, wie man im Westen über das Evangelium und die Kirche denken und sprechen wird. In Nigeria bei den Yoruba gibt es das reiche Erbe des Ifa-Orakels, auf das sie zurückgreifen können, wenn sie versuchen ihren neuen Glauben in den Begriffen ihrer Kultur auszudrücken. Retter – im Yoruba *Olugbala* – enthält ältere Aspekte der Yoruba-Theologie von göttlicher Macht, Fürsorge und erlösendem Leiden. *Olugbala* tritt zu dem Jesus des Neuen Testament, ohne seine alte Fracht abzuladen.

Im so genannten Afrikanischen Credo sprechen die Massai Ostafrikas von ihrem Glauben eher als Gemeinschaft denn als Individuen. Sie formulieren ihr Credo nicht in abstrakten, kognitiven Begriffen vom Sichtbaren und Unsichtbaren, von Christus als dem vor aller Zeit und Welt vom Vater Gezeugten, Gott von Gott, Licht vom Licht, geboren, nicht geschaffen usw., sondern sprechen von einer Reise des Glaubens an einen Gott, der aus Liebe die Welt und uns erschuf, davon, wie sie einst den Höchsten Gott in der Finsternis kannten, ihn jetzt aber im Licht kennen. Das Credo fährt fort mit Gottes Verheißungen in der Schrift und vor allem in Jesus, „einem Menschen im Fleisch, aus jüdischem Stamm, arm in einem kleinen Dorf geboren, der sein Zuhause verließ und stets auf Safari war, wobei er Gutes tat und Menschen durch Gottes Kraft heilte" bis er schließlich von seinem Volk verworfen wurde, gefoltert und an Händen und Füßen an ein Kreuz genagelt wurde und starb. Die Paradoxie des historischen Jesus wird mit umwerfender Nüchternheit abgeschlossen: „Er lag im Grab, aber die Hyänen rührten ihn nicht an, und am dritten Tage erhob er sich aus dem Grab." Ein Ton von eschatologischer Freude und Hoffnung klingt aus den abschließenden Worten: „Wir warten auf ihn. Er ist lebendig. Er lebt. Das glauben wir. Amen." Der Jesus des afrikanischen Credos ist eine solide historische Figur, die in der jüdischen Kultur verwurzelt ist, die in die Alltagskontroversen hineingerissen wurde, zum Tode gebracht, aber nicht zuschanden wurde, von der Schrift bezeugt, vom Heiligen Geist gesalbt und durch ihn bleibend, ein Durchfluss für Gottes Gnade, gegenwärtig in der Welt durch Sakrament, Mission und Dienst aneinander.

Anders als im Nicänum gibt es in diesem Bekenntnis kaum Anzeichen für Worte, die nach Prozessen riechen, für Wunden nach einem harten theologischen Kampf, für Herumreiten auf den Besiegten, für Jagd auf Ketzer, auch nicht für die Abendstimmung des Westens. So bissig sind die Vorstellungen der Massai von Gott nicht, und das bestimmt das Aussehen ihres Afrikanischen Credos. Dadurch werden wir vergewissert, dass die Indigenisierung und Inkulturation des Evangeliums für die ganze Kirche eine Wohltat sein wird.

Frage 52: Der Punkt ist gut getroffen. Aber unterschätzen Sie nicht Europas intellektuelle und materielle Überlegenheit und die vorherrschende, alles vereinheitlichende Ideologie? Wollen Sie z.B. andeuten, dass religiöse Loyalität etwas Reales und Authentisches ist und nicht etwa abhängig davon, zu wem man politisch gehört oder was man wirtschaftlich davon hat, dass also Neubekehrte in theologischer Hinsicht konservativ oder radikal sein können, ohne sich notwendigerweise mit entsprechenden politischen Richtungen zu identifizieren?

Antwort: Ja, genau. Ich will Ihnen nicht widersprechen, aber ich muss sagen, dass Europa aufgrund seiner Macht verantwortlich ist für das, was es tut oder lässt. Der Eindruck politischer Abhängigkeit ist vielleicht durch die Verbindung von Befreiungstheologen mit progressiven Gruppen im Westen entstanden, aber solche Verbindungen gibt es bei den meisten neu entstandenen christlichen Gruppen nicht. Das spürt man zum Beispiel bei den afroamerikanischen Christen, die von den Evangelikalen in Amerika gleich weit entfernt sind wie vom Mainstream-Protestantismus Amerikas. Auch eine beherrschende Einheitsideologie scheint gegen Unterschiedlichkeit nicht ankommen zu können.

Frage 53: Lassen Sie mich auf meine Frage (24) über Konvergenz oder Ungleichheit zwischen einem christlichen, aber unterentwickelten Afrika und einem hoch entwickelten säkularen Westen zurückkommen. Sie haben das für eine schwierige Frage erklärt und sich mit Unwissenheit entschuldigt. Aber wenn Sie Recht haben mit Ihrer Aussage, dass das Christentum nicht durch die vereinheitlichenden Kräfte der Wirtschaft und Politik hervorgebracht oder bestimmt wird, dann scheint eine größere Divergenz zu der westlichen Erklärung vorzuliegen. Denn die beschreibt ja den Primat materieller Motivation hinsichtlich des christlichen Glaubens. Im Westen gilt die Regel, dass Religion sich nur in den Grenzen der Vernunft bewegen darf und dass Offenbarung, Wundergeschichten und Übernatürliches durch das Sieb der Regeln der Vernunft geschüttelt werden müssen. So können Europäer Religion als etwas gesellschaftlich Unvernünftiges tolerieren, wenn nötig mit einer Prise vom Salz der Vernunft. Entsprechend lesen sie die Bibel mit einem speziell angefertigten feinen Werkzeug, um das naive Sediment der frommen Mythen zu entfernen. Nur die Fähigkeit, die Bibel der Mythologie zu entkleiden, kann sie unserer Aufmerksamkeit wert sein lassen. Schließt das nicht jede Annäherung zwischen Afrika und dem Westen aus?

Antwort: Wenn es im Westen so wäre, dass nur die Fahne der Aufklärung geschwenkt wird, dann wäre eine Konvergenz unwahrscheinlich und zumindest strittig. Ich habe allerdings so meine Zweifel am Dogma von der Vernunft. Nach George Herberts schönem Gedicht wächst das Kleinkind im Schoße der Familie auf, dann übergibt die Gesellschaft die Kinder der Schule, wo sie in den Netzen einer leidenschaftslosen objektiven Logik gefangen werden, bis „eine einzige geheime Sünde" das ganze Arrangement hinwegweht. Jedenfalls habe ich, wie Sie bemerkt haben dürften, mit konkreten Fakten bezüglich des Weltchristentums begonnen, nicht mit einer allgemeinen Philosophie der Religion. Religiöse Praxis kann ebenso tief dringen wie philosophische Reflexion. Aber Sie haben den richtigen Punkt erwischt. Der Westen mit seinem kulturellen System von Ethik, bildender Kunst, Musik und Literatur auf der einen, Wissenschaft und Technik auf der anderen Seite hat das Geheimnis Gottes auf kulturelle Spitzfindigkeit reduziert. Wahrheit kann man nicht wissen, das ist die einzige Wahrheit, die man wissen kann, und deshalb hat es auch keinen Sinn, nach Zwecken zu fragen. So ist gnostische Frömmigkeit trotz allen Berufens auf die Vernunft im Westen weit verbreitet. Sie kämpft nicht gegen Glauben an sich, wohl aber gegen die institutionalisierte Religion. Aber was ist Religion ohne Form?

Ohne sich um die Skrupel des Westens zu kümmern, sind die Kirchen außerhalb des Westens auf der Basis ihrer starken Betonung des Evangelischen gewachsen. Die Kolonialherrschaft als Rahmen für die zivilisierende Mission des Christentums hat ausgespielt, an ihre Stelle ist das Vorwärtsdrängen der christlichen Religion selbst getreten. Wenn wir uns das muslimische Wachstum vor Augen führen, können wir feststellen, dass Kolonialismus und Zivilisation für die Religion nicht unentbehrlich sind und ihre Verbindung eher zufällig war.

Wenn überhaupt, dann ist die akademische Theologie, verstanden als das westliche intellektuelle System der religiösen Reflexion, erst nach der Expansion ins Spiel gekommen. Die Kirche hat sich weiterhin in Afrika ausgebreitet und der Westen hat mit Afrika und dem Rest der Dritten Welt auch auf der Basis von Menschenrechten, Gerechtigkeit, gleichmäßigerer Verteilung des Wohlstands und der globalen demographischen Verschiebung kommuniziert, nicht nur auf der Basis wirtschaftlicher Überlegenheit. Der wirtschaftlichen

Zusammenarbeit in solch einer Welt sollte nach Meinung von Thabo Mbeki, dem Präsidenten Südafrikas, das gemeinsame Menschsein als Grundlage der globalen Beziehungen am Herzen liegen.[8] Ähnlich drückte sich Chinua Achebe auf einer Versammlung der OECD aus, als er sagte. „Afrika ist seine Menschen", nicht nur Einheiten, Zahlen, Nummern, Trends und Größenordnungen. Auch der Westen kann nicht vom Brot allein bzw. von der Vernunft allein leben. Teilen fällt leicht, wo man sich versteht. Eine gewisse Hoffnung für die Begegnung besteht also.

Noch ein, zwei Worte über die menschliche Seite globaler Begegnung: Für Menschen verschiedenster Herkunft ist die westliche Welt aufgrund ihres Reichtums und ihres Einflusses attraktiv. Darunter befanden und befinden sich eine durchaus nennenswerte Anzahl von Studenten, die in Gastfamilien gastlich aufgenommen wurden. Sie haben aufgrund dessen bleibende, tiefe Freundschaften geschlossen. Natürlich wird es Zeit brauchen, bis diese interkulturellen Freundschaften sich auch auf Strukturen und Institutionen auswirken werden, aber auf die Dauer werden sie die Natur und den Charakter der internationalen Beziehungen beeinflussen. Verbindungen zwischen Menschen sind natürlich etwas, was man nicht messen kann, sind aber in ihrem Einfluss nicht zu unterschätzen.

Frage 54: Denken Sie da an etwas Bestimmtes?
Ein ganz zufälliges Beispiel, das die Massai betrifft: Vom Anschlag auf das World Trade Center hörten sie erst acht Monate später durch einen Studenten, der nach Hause kam. In Massai-Erzählweise stellte er ihnen die Details des Angriffs vor Augen, die Menschen, die aus dem Fenster sprangen, um dem Feuer zu entkommen, die Tausende, die umkamen. Dies bewegte die Massai zutiefst und sie veranstalteten auf offenem Gelände eine Trauerfeier, bei der sie als Zeichen ihrer Verbundenheit mit dem amerikanischen Volk 14 Kühe stifteten und mit ihren Waffen symbolisch Jagd auf die Terroristen machten. Etwas irritiert machte ein offizieller Vertreter der amerikanischen Botschaft in Nairobi den Treck durch den Busch, um die Kühe in Empfang zu nehmen.[9] Unsere Weisen sagen: Das Herz ist der robusteste Teil des Körpers, Zartheit liegt in den Händen. Hände in Freundschaft auszustrecken, das sind Gesten, deren Wert man nicht in Zahlen ausdrücken und deren Wirkung auf zwischenmenschliche Beziehungen man nicht messen kann.

---

8   Thabo Mbeki, „Africa's New Realism," New York Times, 24. Juni 2002, op-ed-Seite
9   „Where 9/11 News Is Late, but Aids Is Swift." New York Times, 3. Juni 2002, S. 1

Können Ideologien sich ändern?

Frage 55: Sehr interessant, aber ich bin noch nicht fertig. Ich fragte Sie vorhin (Frage 30), wie die Eingeborenen Christen werden könnten, ohne von europäischer Hand zivilisiert worden zu sein. Bekehrung braucht Zivilisation, etwas, wofür die Ideologie der britischen Herrschaft sorgt. Denken Sie an den berühmten Slogan über die Verbindung von Bibel und Pflug, die Afrika für „Kommerz, Zivilisation und Christentum" rettet. Könnten Sie jetzt meine Frage nach einer progressiven Ideologie beantworten? Das haben Sie doch noch nicht, oder?

Antwort: Nein, das will ich jetzt tun. Ideologien verschwinden nicht einfach so, um einer Welt Platz zu machen, die für neue Experimente und weiter reichende Sympathien offen ist. Ideologien sind gedankliche Rahmen, die das, was in der Welt der Vorstellungen und Werte akzeptiert ist, festlegen und die ihren eigenen Wert durch die Umstände nicht in Frage stellen lassen. Sklaverei z.B. beruhte auf einer Ideologie, die ein Offizier der britischen Krone aus dem 18. Jahrhundert folgendermaßen beschrieb: „Wir werden die Dinge nehmen, wie sie sind, und sie in ihrem gegenwärtigen Stand begründen, nicht von irgendwelchen Hoffnungen her. Es ist undenkbar, den Sklavenhandel aufzugeben." Ideologien bieten also wasserdichten Schutz gegen Unsicherheit und den Grundsatz der Gegenseitigkeit. Sie sind ein lineares, unkompliziertes Universum, das nur von einem Lichtstrahl erleuchtet ist: Als erstes anderen das anzutun, was sie einem nicht antun dürfen. Deshalb finde ich es kein bisschen förderlich, auf triumphalistische Slogans vom überlegenen Westen oder bissige Behauptungen über die Opferrolle der Dritten Welt zu antworten. Stattdessen war es mir wichtig, die Geschichte eines Abschnitts der Weltgeschichte jenseits des Westens erzählen, von dem zum gegenwärtigen Zeitpunkt kaum jemand etwas wissen möchte. Ich möchte Haltungen ändern, und wenn das geschieht, kann das, was so überdeutlich vor Augen liegt, die längst überfällige Anerkennung finden. Studium und Lehre von Religion und Kultur, die breit angelegt sind, würden so bereichert.

Freilich wäre dafür die Bereitschaft nötig, auf Ideologie zwar nicht ganz zu verzichten, aber sie doch ein wenig zurückzustellen.

Der Angriff auf die Alte Ordnung und Chinas Antwort darauf

Frage 56: Ich sehe, dass es von Vorteil ist, sich nicht zu sehr durch die kulturellen Kontroversen des Westens ablenken zu lassen, und sollte lieber mit un-

serem Thema weiter machen. Wo außer in Afrika sehen Sie Potenzial für eine Ausbreitung des christlichen Glaubens?
Antwort: Ich glaube, dass China einer größeren Entwicklung entgegen sieht, vielleicht schon in ein paar Jahren.

Frage 57: Warum glauben Sie das?
Antwort: Weil ich Berichte von einem wachsenden Interesse am christlichen Glauben und von der Aufmerksamkeit der Regierung gegenüber diesem Thema gelesen habe. Die Chinesen scheinen den Schluss gezogen zu haben, – zu Recht oder zu Unrecht ist nicht an uns zu sagen - dass der christliche Glaube vielleicht der Schlüssel für den offenbaren Erfolg und die Dynamik des Westens ist und auch ihnen einen ähnlichen Vorteil bieten könnte, wenn sie ihn verstünden.

Frage 58: Aber warum sollte eine so große und alte Kultur wie China die Ressourcen, die es braucht, nicht in ihren eigenen ungeheuren intellektuellen Reserven finden?
Antwort: Vielleicht kann es und vielleicht sollte es auch. Nach den Umwälzungen durch die Kulturrevolution in den 60er Jahren des 20. Jahrhunderts ist das Vertrauen in den Kodex der alten kulturellen Werte und Sitten total erschüttert, und der Wiederaufbau, den man versucht hat, brachte neue intellektuelle Fragen hervor. Die Kulturrevolution hat die Werte der althergebrachten unbedingten Loyalität der Kinder gegenüber den Eltern zerstört. Die alten Lehrer erschienen zu zahm und die neue Jugend zu unruhig, um den Anweisungen ihrer Führer zu folgen. Die konfuzianische Ethik hatte es zu sehr mit dem Himmel zu tun, um Schritt halten zu können mit einer dynamischen Gesellschaft, die nach einer Rolle in der modernen Welt Ausschau hält. Aus demselben Grund fehlte dem Buddhismus aus ihrer Sicht das kritische historische Bewusstsein und der Antrieb zur Tat, den das neue China in einer Welt des Wettbewerbs braucht. Auch der Marxismus mit seinen Heilsverheißungen, wenn auch voll revolutionärem Aktivismus, repräsentierte noch eine unflexible Ideologie von Macht und Kontrolle, zu einengend, um irgendeine Sicherheit oder Anleitung zu bieten, wie Chinas klassische Vergangenheit in den neuen Zeiten zur Erfüllung finden könnte.

Zu dem neuen Interesse Chinas am Christentum kommt hinzu, dass China graduierte Studenten zum Studieren in den Westen geschickt hat. Der ideologische Überbau wird auf Initiative der gegenwärtigen Führer gründlich überholt. Präsident Jiang Zemin hat eine Kampagne mit dem Namen „Repräsentant der Drei" ausgerufen: Die kommunistische Partei soll nicht mehr nur die

Arbeiter repräsentieren, sondern „die fortschrittlichen Produktivkräfte, die fortschrittliche chinesische Kultur und die grundlegenden Bedürfnisse der Mehrheit."[10] Berichten zufolge hatte selbst Mao erkannt, dass Religion im China der 60er Jahre ein wesentliches Thema war. Die Chinesen scheinen heute eine größere Bereitschaft als früher zu entwickeln, den Umständen Einfluss auf die Ideologie einzuräumen und nicht umgekehrt. All diese Dinge scheinen mir Vorzeichen zu sein. Die Menschen sehnen sich nach Veränderung und halten beim Christentum und seinem gewaltigen jüdischen Erbe Ausschau nach Orientierung. Wer weiß, was schließlich in diesem neuen Abschnitt von Chinas langer Geschichte herauskommen wird?

Frage 59: China ist so anders als der Westen. Kann man sich vorstellen, dass der christliche Glaube als eine westliche Religion mit diesem so anderen Kontext vereinbar ist?
Antwort: Vielleicht deshalb, weil der christliche Glaube nicht länger „Christendom" ist, eine Religion mit einem einzigen kulturellen Mandat. Wir tun gut daran, uns zu erinnern, dass die Sprache des christlichen Glaubens die Sprache der Leute ist, egal, wo sie sind. Die Chinesen müssen deshalb nicht ihrer Sprache oder ihrer Kultur abschwören, um das Christentum willkommen zu heißen. Wir sollten doch jetzt gelernt haben, dass das Evangelium nicht das Monopol des Westens ist, wie das afrikanische Christentum bewiesen hat.

Frage 60: Sie sagen also, dass der christliche Glaube allen Kulturen gehört? Das sind Neuigkeiten, vor denen sich viele im Westen die Ohren zuhalten werden.
Antwort: Genau das sage ich die ganze Zeit.

Frage 61: Warum hat denn das Christentum so viele indigene Kulturen unterdrückt? Warum ist diese Religion so intolerant gegenüber Pluralismus und multikultureller Gesellschaft?
Antwort: Ich will Ihrer Frage nicht ausweichen, wenn ich darauf hinweise, dass der christliche Glaube die Religion von mehr als 2000 Sprachgruppen in der Welt ist. Mehr Menschen beten und feiern Gottesdienst in mehr Sprachen im Christentum als in jeder andern Religion der Welt. Durch den christlichen Glauben sind mehr Wörterbücher und Grammatiken entstanden als durch irgendeine andere Kraft der Geschichte. Es ist offensichtlich, dass das Faktum dieser kulturellen und linguistischen Pionierarbeit mit dem Ruf des christli-

---

10 „China's Communists Try to Decide What They Stand For," New York Times, 1. Mai 2002, S. A3

chen Glaubens als eines riesigen Akts kultureller Intoleranz nicht zusammenpasst. Dieser Ruf hat einen tiefen Schuldkomplex hervorgebracht, gegen den alle Beweise machtlos scheinen. Es ist jedoch unbedingt nötig, die Menschen davon abzubringen, denn das Standardchristentum, das sie zurzeit praktizieren, ist doch nur ein verschlissenes Stück von etwas viel Größerem und Frischerem. Wir sollten nach wie vor versuchen den Konflikt zu lösen, indem wir die Fakten herausarbeiten und eine Interpretation bieten, die mit den Fakten übereinstimmt und gleichzeitig überzeugt. Aufgeschlossene Menschen werden verstehen, worum es geht.

Frage 62: Sie überraschen uns immer wieder mit Fakten und Zahlen, aber ich glaube immer noch, dass Sie den Widerstand des Westens gegen den Gedanken der christlichen Mission unterschätzen. Der Westen ist dazu geneigt, das Weltchristentum abzutun, indem er es auf einen Drittweltsynkretismus reduziert, der mit Spuren von Heidentum gemischt und mit erbarmungslosem, exotischem Stammesdenken gewürzt ist. Das Christliche fehlt in dieser Beschreibung. Kennen Sie solche Einstellungen?
Antwort: Ja, das ist es ja, weshalb ich um Verständnis werbe für die harten Fakten, die wir zur Verfügung haben. Ich zweifle durchaus an der Bereitschaft zur Zustimmung. Wenn man kategorisch sagt, dass der christliche Glaube die Afrikaner einerseits ihrer Kultur beraubt habe, sie aber andererseits im Stammesdenken belasse, wie Sie sagen, liegt darin doch ein Widerspruch. Man kann nicht erwarten, dass Menschen über diesen Widerspruch begeistert sind. Aber es stimmt, ich mache mir keine Illusionen über meine Chancen, allzu viele Menschen zu überzeugen.

Frage 63: Was hält Sie also? Macht Sie diese Skepsis nicht kaputt?
Antwort: Was mich aufrechterhält, ist nichts als die Macht der Geschichten, die das Leben der einzelnen Männer und Frauen erzählt, deren Glaube und Hingabe die Wahrhaftigkeit des apostolischen Zeugnisses bestätigen. Ich bin Zeuge von Szenen geworden, in denen sich die Massen in die Kirche hineindrängten durch nichts anderes getrieben als durch ihr unstillbares Verlangen, zur Gemeinschaft der Gläubigen zu gehören. Die Stärke und Beharrlichkeit ihres Glaubens bewegt mich, und das Wissen, welche Hindernisse sie dabei zu überwinden hatten, macht mich demütig. Von dieser Stärke werde ich viel eher aufgerichtet, als dass mich die Skepsis der Kritiker kaputt macht. Ich könnte weitermachen, aber das würde uns zu weit vom Thema abbringen.

Eine Prognose: Was christliche Religion mit demokratischer Erneuerung zu tun haben könnte

Frage 64: Sie müssen das, was beispielsweise in Afrika und China geschieht, im Sinn gehabt haben, als Sie in Ihren einleitenden Bemerkungen vom „Evangelium in der Weltgeschichte" gesprochen haben. Können Sie das erläutern?
Antwort: Ja, gerne. Ich sprach davon, was die gegenwärtige Ausbreitung des Christentums für ein neues Verstehen des Evangeliums in der Weltgeschichte bedeutet - das musste auf jeden Fall noch entfaltet werden, und deshalb bin ich froh, jetzt die Gelegenheit dazu zu bekommen. Ein zentraler Satz des Evangeliums ist, dass Gott in Christus die Welt versöhnte (2. Kor. 5,19), und man könnte sagen, dass die Weltgeschichte gefangen ist in der qualvollen Suche nach echten Gemeinschaften der Freiheit, der Solidarität und der Versöhnung. Diese Suche ist es, die das Evangelium so hell erleuchtet und die es entgegen den Erwartungen auf einigen entscheidenden Wegen in Afrika voranzubringen half.

Um es noch einmal anders zu sagen: Die Ausbreitung des christlichen Glaubens ist keine Ausbreitung des Denominationalismus mit seinen heftigen dogmatischen Abgrenzungen und seiner engen Schriftauslegung, noch verfestigt durch eine rechthaberische Haltung. Vielmehr geht es um ein wachsendes historisches Bewusstsein, dass Gott in der Geschichte durch die jeweilige Eigenart von Sprache, Kultur und Brauchtum lebendig ist. Unter normalen Umständen fürchten sich die Menschen vor dem Fremden, dem Anderen und dem Fernen, und ohne den Glauben an ein gemeinsames Menschsein werden sie sich gegenseitig misstrauen und ablehnen. Auch gemeinsame Sprache oder gemeinsame Herkunft bringt noch kein gegenseitiges Verstehen hervor, wie wir nur zu gut aus häuslichen Konflikten und Familienfehden wissen. Vertrauen und Glaube dagegen erlauben sowohl Nähe als auch Verschiedenheit ohne Furcht oder Verleugnung. Man kann davon einiges sehen in dem reichen Erbe der Dokumentation der Sprachen in der Welt, deren sich die Bibelübersetzung angenommen hat. Die Sprache des Glaubens und der Bibel unterscheidet sich im Christentum nicht von der Sprache der Gesellschaft. In der systematischen Dokumentation der Sprachen in der Welt hat der christliche Glaube durch lokale Erneuerung einen Beitrag zum Erwachen eines globalen Bewusstseins geleistet. Die Welt wird eine, nicht durch die Synthese aller Kulturen oder die Entdeckung eines gemeinsamen genetischen Pools, sondern durch den zunehmenden Druck, Verschiedenheit, die nahe gerückt ist, anzuerkennen und zu feiern. Das ist die tiefe Bewegung des Geistes in unserer Zeit.

Frage 65: So hat die Aussaat des Evangeliums also nicht nur eine unerwartete Fülle der Ausbreitung hervorgebracht, sondern auch eine qualitative Veränderung bezüglich der Rolle, die wir dem Lokalen zumessen, was die Mitgliedschaft in der Weltgemeinschaft betrifft. Ist es das, was Sie mit Weltgeschichte meinen?

Antwort: Das haben Sie gut ausgedrückt. Die Menschen sind nach dem Bilde Gottes geschaffen und Jesus ist gerade in seinem Jüdischsein der Archetyp des unvergänglichen göttlichen Potenzials der Menschheit, das kosmische Zeichen dessen, was Gott für uns bestimmt hat. Die Geschichte ist getränkt mit diesem Geist unverwechselbarer ethnischer Zugehörigkeit, und das Evangelium treibt uns, das ganze Menschsein in dem jeweils spezifischen Versöhnungswerk Gottes wiederzuerkennen. So können Menschen dadurch, dass ihnen die Frohe Botschaft in ihrer Muttersprache zur Verfügung gestellt wird, eine Neugeburt erfahren. Alle Kinder Gottes können eine zweite Chance bekommen. Niemandem darf man das Recht auf seine Muttersprache nehmen, wie groß auch der Reiz einer Lingua franca sein mag.

Diese theozentrische Vorstellung von der Gleichheit der Menschen ist der wichtigste Faden im Stoff einer freien Gesellschaft, die auf der Herrschaft des Gesetzes beruht. Sie war eine starke Kraft bei der Entstehung der Nationalstaaten im Westen. Natürlich entstand ein Problem, als man für Gesellschaften ohne die westliche Erfahrung die Vision ähnlicher Nationalstaaten entwickelte. Wie solche Gesellschaften sich ohne die Tradition der Freiheit des Individuums, der Gewissensfreiheit und der persönlichen Verantwortung entwickeln könnten, wurde eine entscheidende Frage für die neue internationale Ordnung. Es gibt zahlreiche UN-Papiere dazu. Aber abgesehen von ihrem Wert als internationale Festgirlanden hatten diese allgemeinen UN-Deklarationen wenig Einfluss auf Einstellungen an der Basis, wo die eingefleischten Ideologien von rechts oder links einen bereiteten Boden fanden. Viele dieser Gesellschaften waren zufälligerweise vorindustriell, aber diese Tatsache zeigt nur, dass Ideologie in jeder Gesellschaft Fuß fassen kann, wenn es eine Neigung dazu gibt.

Ich glaube, es wird deutlich, wie zentral die Idee von der Person als einem freien und wertgeschätzten Partner im Werk Gottes für die westliche Konzeption von nationalstaatlichem Leben ist. Wie wahrhaft göttlich das Werk Gottes ist, erweist sich an dem Maß, in dem das allgemeine Wohl durch es zunimmt. Viele Gesellschaften, die versucht haben, diese religiöse Konzeption vom Wert des Menschen zu vermeiden, zahlten einen hohen Preis in Form von Unterdrückung, Willkür in der Justiz und sozialer Ungerechtigkeit. Das Wachstum des Weltchristentums hat deshalb Argwohn und Feindseligkeit unbelehrbarer politischer Führer auf sich gezogen; und nur ökumenische Diplomatie verbunden mit der Fähigkeit, still zu leiden, hat Schlimmeres für die Gläubigen verhindert. Aus gutem Grund steht das Weltchristentum im Verdacht, die politische Götzenverehrung des ideologischen Staates, sei er nun imperialistisch oder säkular, moralisch zu hinterfragen. Der ideologische Staat hat sich oft zu dem Versuch getrieben gefühlt, das Christentum wirkungslos zu machen, indem er „das Kind erwürgt, solange es noch in der Krippe liegt". Herodes hat noch heute Verbündete an Plätzen, wo man sie nicht vermutet.

Frage 66: Das sind ja ernüchternde Gedanken. Trotzdem möchte ich, auch auf die Gefahr hin, Sie noch mal von dem weltweiten Charakter der Expansion des christlichen Glaubens abzubringen, zurück zu meiner Frage Nr. 49 und fragen, was Ihrer Meinung nach die Menschen im Westen vom Weltchristentum lernen können.

Antwort: Das ist nach wie vor eine schwere Frage! Ich will in zwei Teilen antworten: Zunächst sollte der Westen seinen Schuldkomplex bezüglich des christlichen Glaubens als Kolonialismus überwinden und stattdessen akzeptieren, dass die europäisch geprägten politischen Gewohnheiten des Christentums vorbei sind. Heute entwickelt es sich in seiner nachwestlichen Phase in nichtwestlichen Völkern, manchmal wegen, öfter trotz der westlichen Missionare. Die religiösen, sehr unfriedlichen Auseinandersetzungen, die die Einwohnung des christlichen Glaubens in Europa begleiteten, haben sich mit dem Wachstum des Weltchristentums nicht wiederholt. Die Europäer sollten daher sicher sein, dass der Ausbreitung des christlichen Glaubens nicht notwendig kriegerische Auseinandersetzungen und die damit einhergehenden territorialen Umwälzungen folgen müssen. Darüber hinaus ist das Weltchristentum nicht bloß ein Echo der Globalisierung, obwohl es in bestimmten Sektoren bedeutende Überlappungen gibt. Dazu im Gegensatz stehen Beispiele dafür, wie neue christliche Bewegungen auf die verheerenden Eingriffe und Bedrohungen durch die Globalisierung reagiert haben und gleichzeitig ihre Aufmerksamkeit auf den Wert lokaler Kulturen und Wirtschaftsformen gerichtet haben sowie auf die Herausforderungen durch soziale Ausgrenzung und Marginalisierung, auf die Interessen und die Würde von Familien und die Bedeutung von gemeinschaftlichem Wohlergehen. Das Weltchristentum, das in seiner Grenzenlosigkeit der globalen Ökonomie entspricht, ist zugleich ein lebendiges Gefüge aus lauter kleinen Glaubensgemeinschaften mit eigenen Grenzen. Das Reich des Mammons, der diesem und jenem nachläuft, kann sich gegen die tiefen Verankerungen des Reiches Gottes nicht behaupten.

Zum zweiten bietet das Weltchristentum ein Laboratorium für Pluralismus und Verschiedenheit, wo Glaube und Vertrauen nicht fehlen oder kompromittiert sind, vielmehr das Wesentliche bleiben. Weltchristentum könnte man nicht wahrnehmen ohne die Millionen Zungen von Lob und Hoffnung, die auch Hoffnungen und Träume der Menschheit widerhallen lassen. Um ein überzeugter Pluralist zu sein, muss man, wie sich zeigt, kein Agnostiker sein.

Frage 67: Wie könnte Amerika dahin kommen angesichts seiner speziellen Situation und kirchlichen Tradition?
Antwort: Indem es von dem, was die Einwanderung der Dritten Welt in die Vereinigten Staaten lehrt, Gebrauch macht. Mit dieser Einwanderung hat ein ständiger Zufluss neuer religiöser Bewegungen aus Lateinamerika, Asien und Afrika stattgefunden. Koreaner und Hispanics z.b. haben im ganzen Land neue Glaubensgemeinschaften gegründet. Sie haben neue Stile religiösen Lebens hervorgebracht und Gemeinden unter ihren eigenen Leuten gegründet. Sie haben eine theologische Ausbildung gefordert, die mehr auf sie eingeht als die, die gegenwärtig in den gängigen Seminaren angeboten wird. All dies ruft nach Dialog und Gespräch, in dem neue Grenzen mit Sympathie, Verständnis und Geduld überschritten werden. Es gärt in unserer Mitte und wir sollten die Gelegenheit ergreifen, uns gegenseitig zu entdecken.

Frage 68: Sind Sie der Meinung, dass die Christen in der westlichen Welt ein umfassenderes und tieferes Einfühlungsvermögen bräuchten?
Antwort: Doch, ja. Und sie müssten dabei auf ihre dynamische Jugendkultur und ihre stetig wachsende Pluralität und Verschiedenheit zurückgreifen. Christlicher Glaube sollte nicht darin bestehen, Veränderungen abzulehnen, er müsste doch vielmehr von dem Neuen gerne Gebrauch machen. Vielleicht könnten wir damit beginnen, auf den großen spirituellen Reichtum einer freien und großzügigen Nation, wie ich die USA erlebe, zurückzugreifen, auf Gemeinschaft und nachbarliche Partnerschaft und auf das Engagement für Gerechtigkeit und Vergebung. Diese Werte kann man als die Früchte des Geistes betrachten. Es ist zwar die primäre Aufgabe der Christen, den Geist in der Heiligen Schrift, in Andacht und Gottesdienst zu pflegen, aber die Früchte dieser Hingabe sind allen zugänglich. In diesem Bereich ist fast nichts unmöglich, allerdings müssen andere, die besser ausgerüstet sind als ich, die Führung übernehmen. Es ist unvermeidlich und muss nicht immer schlecht sein, dass westliche Gelehrte die Informationen über das Weltchristentum mit bereits vorhandenen Kategorien verarbeiten. Aber es wäre wirklich überflüssig, den Teufel einer globalen Bedrohung, wie es Gewohnheit des Kalten Krieges war,

an die Wand zu malen und die Augen vor den Tatsachen, wie sie nun einmal sind, zu verschließen.

Teil II: Bewertung und Feedback
Auftakt zur Zukunft

Frage 69: Wir haben in unserem Gespräch eine lange Wegstrecke zurückgelegt, und es könnte nützlich sein, noch einmal durchzugehen, wo wir entlang gegangen sind. Sind Sie einverstanden?
Antwort: Durchaus.

Frage 70: Zu Anfang haben Sie die Fakten über die Expansion des christlichen Glaubens in der Welt referiert und erklärt, dass es intellektuelle Barrieren dagegen gab, die Information darüber aufzunehmen. Bei all dem meinten Sie, gerade die Verpflichtung zu Toleranz und Pluralismus vermittle den Menschen das Gefühl, den Ereignissen innerhalb des Weltchristentums ablehnend gegenüber stehen zu müssen. Es gibt zu viele Erinnerungen an eine diskreditierte koloniale Vergangenheit, als dass sie sich mit diesem Thema, auf das Sie hingewiesen haben, wohl fühlen könnten. Ist das eine treffende Zusammenfassung Ihrer Sicht?
Antwort: Ja.

Frage 71: Sie sagten, Sie wollten dieses Thema des kolonialen Generalverdachts nicht ansprechen, indem Sie auf dem unanfechtbaren Augenschein bestehen, sondern indem Sie die Frage nach der Einstellung und den Vorannahmen aufgreifen. Bei dieser Annäherung wollten Sie die nachkolonialen und überraschenden indigenen Wurzeln der gegenwärtigen Ausbreitung und des Wachstums des christlichen Glaubens betonen. Sie sagten, die Sicht, das Weltchristentum sei lediglich eine Fortsetzung der mittelalterlichen imperialen Phase der christlichen Religion als „Christendom", sei für Sie nicht überzeugend. Ich verstehe das so, dass Sie eine Unterscheidung zwischen Welt- und „global" machen wollen, wenn sie sich auf den christlichen Glauben beziehen, denn Weltchristentum hat nichts von den globalen Macht- und Wirtschaftsstrukturen an sich, die der Ausdruck „globales Christentum" vermuten ließe. Ausbreitung des Weltchristentums, sagten Sie, begegnete in Gesellschaften mit schwachen Staaten und inmitten verarmter Bevölkerungen. Es gab kein globales Arrangement dieser Ausbreitung. Gebe ich Sie korrekt wieder?
Antwort: Ja.

Frage 72: Gegen diese globale Sicht haben Sie ziemlichen Nachdruck auf die indigene Dimension des Weltchristentums gelegt und gesagt, dass die betroffenen Kulturen durch die Begegnung mit dem christlichen Glauben eine Erneuerung erfuhren, ungeachtet der Motive der Missionare, und dass diese Erneuerung Elemente aufleuchten ließ, die die Ursprünge der Kirche im Neuen Testament bildeten. Sie meinten, dass der moderne Westen, der sonst so weit von der Umwelt des Neuen Testaments entfernt sei, dadurch Einsicht in das Wesen der christlichen Ursprünge gewinnen könne, dass er den indigenen Wurzeln des Weltchristentums Aufmerksamkeit zolle. Ist es zutreffend, wenn ich sage, dass Sie solche Möglichkeiten für Gegenseitigkeit zwischen dem Westen und dem Christentum der Dritten Welt sehen?
Antwort: Das ist zutreffend.

Frage 73: Sie beobachteten ferner, dass nichts so sehr auf den „Vorzug indigener Theologie" hinweist wie die Übernahme der indigenen Namen für Gott in die Bibelübersetzung und ihre Einführung in den christlichen Glauben. Sie sagten, wir könnten die Richtigkeit dieser Behauptung prüfen, indem wir zur Kenntnis nähmen, wie sich Erneuerungsbewegungen im Weltchristentum im Großen und Ganzen auf Gesellschaften beschränkten, in denen der indigene Name für Gott erhalten blieb, und es an Stellen, wo der Name für Gott vergessen oder unterdrückt wurde, entsprechend wenig Einfluss des christlichen Glaubens gab. Das, so behaupteten Sie, habe den „Vorzug der indigenen Theologie" im Weltchristentum ausgemacht. Sie wollten aber damit sicherlich nicht sagen, dass christlicher Glaube vollständig mit Stammesreligionen austauschbar sei. Vielmehr erlaube ihre theologische Vereinbarkeit dem christlichen Engagement der Christen, zu Ergebnissen zu kommen, die für Indigene glaubwürdiger sind als bloße Billigung von außen. In Ihrer Aussage (Nr. 25) nimmt diese Sicht einen zentralen Platz ein, oder?
Antwort: Ja, in der Tat. Und Sie geben es fair wieder.

Frage 74: Wir haben viel Zeit mit dem Blick des nachchristlichen Westens auf das Weltchristentum verbracht. Wir haben von der Skepsis, dem Gefühlsumschlag, von dem Argwohn, den Stereotypen, vom Misstrauen und der offensichtlichen Ernüchterung gehandelt, die zur Zeit dem modernen Westen zusetzen, einer Skepsis, die sich in westlichen Studien und Berichten über das Weltchristentum zeigt. Wir waren der Ansicht, dass die Missionspropaganda früherer Zeiten durch eine säkulare Propaganda ersetzt worden ist, eine Propaganda, die der christlichen Phase der Dritten Welt feindlich ist. In beiden Fällen ist das, was zählt, die Propaganda oder die Feindseligkeit, nicht die

Fakten an der Basis. Säkulares Misstrauen gegen den christlichen Glauben im Allgemeinen stand einer Wahrnehmung des Christentums in der Dritten Welt im Wege, genauso wie missionarische Ideologien es jeglichen Wertes beraubt hatten. In beiden Fällen ist es der Westen, der spricht, und die anderen, die zuhören oder zuhören sollen. Das mag der Grund dafür sein, dass Sie lieber Haltungen ändern wollen als sich darauf verlassen, dass der Augenschein schon die notwendige Überzeugungsarbeit leisten würde. Und doch haben Sie immer noch die Zuversicht, nicht wahr, dass Weltchristentum die Gelegenheit zu einem Gedankenaustausch zwischen der westlichen und der Dritten Welt bietet?
Antwort: Ja, die habe ich wirklich. Ein nachchristlicher Westen ist nicht so weit weg, dass er keinen lebendigen Kontakt mit einem nachwestlichen Christentum knüpfen könnte.

Frage 75: Weil Sie ein Interesse an diesem Gedankenaustausch haben, sagen Sie, wir müssten zwischen und unter uns die Auswirkungen der christlichen Expansion in Übersee für die demokratische Erneuerung der Gesellschaft erkunden. Der christliche Glaube legt Wert auf den freien Willen des Individuums und den Vorrang des Gewissens bei Entscheidungen und schließlich auf die freie Person als einen wertgeschätzten Partner im Werk Gottes. Das hatte einen prägenden Einfluss auf die Entstehung von Nationalstaaten im Westen, was ähnliche Möglichkeiten auch für andere Gesellschaften enthält. Sie wollten damit nicht sagen, denke ich, dass andere Gesellschaften christianisiert werden sollten, denn Ihre Behauptung war nicht, dass nationale Identität vorteilhafter für religiösen Glauben sei, als es die Kolonialherrschaft für das Evangelium war. Vielmehr meinten Sie nur, dass die Samen individueller Leistung und Menschenwürde nicht das Monopol nur einer Gesellschaft sind, sondern überall die Chance haben sollten, zu wachsen und zu gedeihen. Mit andern Worten, der Boden, der von sich aus Freiheit fördert und die Früchte des Evangeliums reichlich werden lässt, hat in Gesellschaften existiert, die niemals exklusive Rechte in einem bestimmten christlichen Territorium hatten. Ich fand, Ihre Bemerkung darüber, dass Gott schon vor den Missionaren da war, brachte diesen Punkt gut zum Ausdruck. Möglicherweise steht sie in Beziehung zu dem, was Sie den „Vorzug der indigenen Theologie" nannten, wenn ich darauf noch einmal zurückkommen darf, im Sinne einer lokalen Erneuerung, die ohne globales Arrangement stattfindet. Jedenfalls sind Sie der Meinung, dass Religion bei der Stärkung des öffentlichen Lebens und der öffentlichen Institutionen eine Rolle zu spielen hat, ist es nicht so?

Antwort: Ja, das ist so, insbesondere der christliche Glaube als eine vorrangige Option für die Armen.

Frage 76: Dieser Argumentationslinie entspricht Ihre Behauptung, dass privatisierte Frömmigkeit eine beschnittene Religion ist, die den Bedürfnissen und Herausforderungen einer sich entwickelnden Gesellschaft nicht begegnen kann. Zudem ziehe die europäische Art, Religion als etwas gesellschaftlich Unvernünftiges anzusehen, sich zu einem großen Teil gerade vor dem zurück, worum es in der weltweiten christlichen Erweckung gehe, und schließlich führe die säkulare Darstellung von Ziel und Zweck des menschlichen Lebens zu einer irreführenden Sicht auf unsere menschlichen Möglichkeiten. Obwohl Sie, wie ich bemerke, sich nicht bis ins letzte zu diesem Gesichtspunkt ausgelassen haben – vielleicht weil das zu einem anderen Teil des Themas Weltchristentum gehört – habe ich Recht mit der Meinung, dass Sie mit Religion als gnostischem Individualismus nicht viel anfangen können?
Antwort: Richtig. Ich bin kein Kind von Plotin.

Frage 77: Was mich zu der Frage führt: Ein eingeschriebener Materialist sind Sie auch nicht, oder?
Antwort: Das stimmt. Ich betrachte mich nicht als einen Kommissar des dialektischen Materialismus.

Frage 78: Das ist hilfreich zu hören. Ich vermute mal, dass Ihre Vorstellung von Religion als einem dynamischen Phänomen mehr mit empirischen Fakten und Praxis als mit philosophischen Theorien und Ideologien gemein hat, teils, weil Sie finden, es sei nicht hilfreich, auf Religion nur wie auf ein Lehrsystem oder auch eine Heilige Schrift zu blicken, teils, weil aus dem Leben gewonnene Erfahrung für Sie mehr Gewicht hat als spekulative Gedanken. Was religiöse Menschen praktizieren – so sagten Sie an mehreren Stellen – kann ebenso erhellend sein wie systematische Reflexion, wird jedoch seltener genutzt. Sie bestehen darauf, dass Sie keine scharfe Trennungslinie zur Definition des christlichen Glaubens ziehen wollen, es sei denn, es ist eine Linie, die verbindet und wachsen kann. Das ist der Grund dafür, dass Sie darlegen, es sei aufschlussreicher, von der indigenen Entdeckung des Christentums zu sprechen als von der christlichen Entdeckung indigener Gesellschaften. Für Sie ist der Glaube an einen persönlichen Gott wichtiger als der Glaube an eine Theorie oder ein System. Sie brechen eine Lanze für einen persönlichen Gott als bestimmende Macht in den Religionen Afrikas und zeigen auf, dass Beweis genug für solch einen persönlichen Gott besteht, unabhängig von politischer Organisation oder wirtschaftlichem System. Sie sagen nicht, dies rühre aus einer besonderen Offenbarung à la Karl Rahner her, aber es passt gut in diese Denkweise hinein. Sie packen viel in diesen Teil der Diskussion hinein, so dass ich merke, ich muss vorsichtig über diesen Boden gehen und aufpassen, dass ich mit Ihnen in Übereinstimmung bleibe. Sie sind doch damit einverstanden? **Antwort:** Machen Sie nur weiter. Es ist gut zu wissen, dass wir genau aufeinander hören.

Frage 79: Der springende Punkt in all diesem ist, wenn ich so sagen darf, die Allergie eines säkularen Westens gegenüber jeglicher Andeutung einer erneuten Zuwendung zum christlichen Glauben. Erinnerungen an die quälenden Religionskriege des 16. und 17. Jahrhunderts, verstärkt durch Schuldgefühle bezüglich der Sklaverei, des Kolonialismus und des Holocaust haben fast alle Wege, zum christlichen Glauben zurückzukehren, verschlossen, ausgenommen den Glauben als eine privatisierte, subjektive Meinung. Das Herz ist, wie Sie sagten, der zäheste Teil des Körpers und in unserem Fall haben die Menschen ihr Herz an Materialismus und Individualismus verschenkt. Der Westen als eine moderne, fortschrittliche Gesellschaft lebt ganz selbstverständlich, als wenn es Gott nicht gäbe, *etsi deus non daretur*. Mit dem Teufel weiß er erst recht nichts anzufangen. Der wissenschaftliche Fortschritt hat Gott und die Absolutheit der Moral enttarnt. Ich kann verstehen, dass Sie in dieser Umgebung sehr vorsichtig wären, eine Konvergenz zwischen einem nachchristlichen Westen und einem nachwestlichen Christentum vorherzusagen. Die Kluft könnte trotz der optischen Täuschung, die sich aus dem historischen Zusammentreffen ergibt, einfach zu groß sein: Ein nachchristlicher Westen und ein nachwestliches Christentum sind historische Zeitgenossen, aber ihre Verwandtschaft ist nur hauchdünn. In gewisser Hinsicht haben Sie recht mit der Vermutung, dass der massive Rückgang, der im nachwestlichen Christentum offensichtlich ist, ein Anzeichen dafür ist, dass wir uns im Übergang zu einem ebenso massiven Fortschritt im nachwestlichen Christentum befinden, und dies ist das nächste Stadium in der Fortsetzungsgeschichte der christlichen Religion. Sie sagten, dass, wenn eine Einflusssphäre des christlichen Glaubens niedergeht, eine andere emporsteigt, so wie in einem Staffellauf die Bewegung gehalten wird, indem man frische Energie aus der Ablösung bezieht. Der Widerstand des Westens scheint jedoch nicht abzunehmen, obwohl Sie sich hüten, das Potenzial des Weltchristentums an dem Nachlassen des religiösen Vermögens eines säkularen Westens zu messen. Verstehe ich Sie richtig, wenn ich sage, dass Sie nicht sehr optimistisch sind, eine Bresche in die Mauer dieses säkularen Widerstandes schlagen zu können?

Antwort: Korrekt. Ich bin nicht allzu optimistisch. Hoffnung macht etwas anderes, denn es gibt Anzeichen dafür, dass der Kontakt zwischen Menschen Vorurteile und Selbstzufriedenheit ausreißen kann, wie das Massai-Beispiel zeigt.

Frage 80: Ich bemerke, dass ein Gutteil Ihrer Zuversicht für die Zukunft des Weltchristentums auf den Fortschritten, die es schon in Afrika gibt, beruht, aber auch auf denen, die sich in Asien, speziell in China, abzeichnen. Die von Ihnen angeführte Tatsache, dass im Weltchristentum mehr Sprachen in Gebet, Gottesdienst und beim Bibellesen verwendet werden als in jeder anderen Religion, ist in diesem Zusammenhang schlagend. Dieses Faktum widerspricht total der Sicht des Westens, denn man hält das Christentum nicht für eine plurale Religion, sondern für eine Monokultur mit nur einem Schwerpunkt und, um ehrlich zu sein, nicht einmal für eine Weltreligion. Die Zerstückelung in Konfessionen und Denominationen trägt ihr Teil zur kulturellen Domestizierung des christlichen Glaubens im Westen bei. Aber wenn ich Ihre Position verstehe, wollen Sie sagen, dass der Prozess der gegenwärtigen Indigenisierung, dem die christliche Religion in der Welt unterworfen war, konfessionelle Grenzen und dogmatische Sätze nicht als solche ablehnt, sondern nur ihre enge Exklusivität. Dieselben Kräfte, die es der christlichen Religion erlaubten, in traditionellen Gesellschaften Fuß zu fassen, die den Anspruch der Grenzen der Vernunft nicht kennen, konfrontierten die Kirchen mit den Aufgaben von Übersetzung, Anpassung, Interpretation und Umsetzung, bei denen Schwung aus der indigenen Kultur und persönliche Motivation zusammenkommen. Weltchristentum, so führen Sie aus, ist nicht aus den Impulsen des Westens entstanden. Es ist vielmehr das Ergebnis der muttersprachlichen Vermittlung und der Antwort vor Ort. Es ist ein frischer Eindruck, der einen Zug des sich entfaltenden Plans des Evangeliums in seiner apostolischen Konzeption offenbar macht. Fühlen Sie sich darum in Ihrem Vertrauen bestätigt?
Antwort: Ich könnte es nicht besser sagen.

Frage 81: Freuen Sie sich nicht zu früh! Ich will Ihnen sagen, wo ich fest hänge. Sie machen die hilfreiche Unterscheidung zwischen dem globalen Christentum oder „Christendom" und Weltchristentum. Dabei halten Sie die Unbeständigkeit der Beziehungen Kirche - Staat in der Geschichte des Westens fest und unterstreichen das mit der überraschenden Schwäche der politischen Strukturen in Gebieten, wo das Weltchristentum sich ausgebreitet hat. Andererseits lenken Sie die Aufmerksamkeit auf den Nutzen der Religion in Projekten für demokratische Erneuerung und die Stärkung des öffentlichen Lebens

und der öffentlichen Institutionen. Das ist für mich ein Widerspruch in Ihrer Argumentation, es sei denn, Sie wollten den christlichen Glauben von den Machtinteressen des ideologischen Staates trennen, sei er nun imperial oder säkular. Ist das Ihre Absicht?
Antwort: Ja.

Frage 82: Aber wie kann dann der christliche Glaube eine öffentliche Rolle übernehmen, ohne wieder auf eine Theorie von Unterstützung durch den Staat zurückzugreifen? Und das würde die Uhr zu doktrinärer Intoleranz und mangelnder kultureller Sensitivität zurückstellen. Im Westen ist man nicht imstande, Religion von Politik zu trennen, jedenfalls in den Köpfen, trotz der verfassungsmäßig vorgeschriebenen Trennung. Folglich denkt man, wenn man von dem Aufschwung des christlichen Glaubens hört, nicht an göttliche Güte, sondern an den neuerlichen Ausbruch von abscheulicher Trennung und das Abgleiten in Intoleranz. Die Fakten, wie Sie sie beschrieben haben, können diese Verbindung in den Köpfen nicht durchbrechen, das geben Sie selbst zu. Für säkulare Menschen ist der Skeptizismus gleichsam ein Damm gegen die Überschwemmung des Fanatismus. Mit dem Tod ist alle Schuld bezahlt, so auch beim Ableben des Christentums. Deshalb lockt das neue Faktum des Weltchristentums die alte Furcht vor Fanatismus wieder hervor, ein typischer Fall von Schuld durch Assoziation. Sie geben lediglich zwischen den Zeilen Hinweise darauf, aber bestimmt ist das der springende Punkt des säkularen Widerstandes gegen die Religion, oder nicht?
Antwort: Ja, eine solche Vision von christlichem Glauben hat die reflexartige Reaktion, die Sie beschreiben. Nichtsdestotrotz versuche ich mir einen Fall vorzustellen, wo die christliche Religion eine moralische Verbesserung der Gesellschaft fördert, so dass demokratische Institutionen Wurzel fassen und gedeihen können. Menschen als wertgeschätzte Partner im Werk Gottes, das ist mein Standpunkt, sind in solch einer bedrohungsfreien politischen Kultur notwendig und unentbehrlich. Es gibt keinen Grund, vor einer solchen Aussicht Angst zu haben. Ich glaube nicht, dass ich viel mehr als dies gesagt habe.

Frage 83: Die Forderung an das Weltchristentum, es solle einerseits kollektive Disziplin befördern, um dem moralischen Niedergang entgegenzuwirken, andererseits aber individuelle Freiheit mit ihrer Option für Nonkonformismus unterstützen, ist widersprüchlich, dieser Punkt Ihrer Argumentation ist stark. Man kann in dieser Situation unmöglich Konservativen und Liberalen gleichzeitig gefallen. Daraus kann man folgern, glaube ich, dass die Kirche für ihre Lehren keine ideologische Richtung übernehmen sollte, so gerne man auch

sein Mäntelchen nach den herrschenden Winden hängen möchte. Das theozentrische Verständnis des Wertes des Menschen muss ein fester Bestandteil der Berufung der Kirche sein. Das gilt auch, wenn die Früchte dieser Konzeption von der Würde des Menschen dem Gemeinwohl zugute kommen. Habe ich das richtig verstanden?
Antwort: Sie haben den Nagel auf den Kopf getroffen.

Frage 84: Darf ich so kühn sein zu sagen, dass die aufgeschlossene Diskussion, auf die wir uns hier eingelassen haben, mich ermutigt, zu glauben, dass Menschen auf beiden Seiten der religiösen Frage viel von einem ehrlichen Dialog gewinnen können? Wenn Sie das mit dem Sich-frei-Machen von ideologischen Zwängen und der Begegnung mit der Welt im Geist gegenseitiger Entdeckung meinen, dann bin ich ganz dafür. Einigkeit ist nicht notwendig für diese Art der gegenseitigen Entdeckung – in der Tat ist ein gewisser Grad von Uneinigkeit notwendig, um ehrlich zu bleiben. Stimmen Sie dem zu?
Antwort: Von ganzem Herzen.

Frage 85: Sich einig darin zu sein, unterschiedliche Meinungen zu haben, spiegelt auch die Paradoxie wieder, von der Sie am Anfang sprachen: Dass der alles bedeckende ideologische Inklusivismus Löcher hat und den christlichen Glauben ausschließt. Jedenfalls sollten wir Ihrer Meinung nach in den Bau von Brücken investieren und das Vertrauen stärken, dass wir füreinander Verständnis und Respekt aufbringen können. Solche Zeichen von Geist, sagen Sie, eignen dem Weltchristentum. Dazu lädt es ein. Wir sollten nicht auf die hören, die uns zu den alten Gewohnheiten zurückbringen wollen. Das „Christendom" mit seiner hierarchischen Struktur, in der die soziale Herkunft die Rangordnung bestimmt, ist ersetzt worden durch das Weltchristentum mit seinen Umwälzungen, die das unterste zuoberst gekehrt haben. Nichtwestliche Christen sind als solche mit Fragen der fundamentalen christlichen Identität befasst und müssen ein Gefühl dafür entwickeln, was es heißt, zu einer neuen Glaubensgemeinschaft zu gehören. Sie tun das, wie Sie sagen, in politischen, kulturellen und religiösen Gegebenheiten, die unbeständig, unterschiedlich, komplex und höchst ungewiss sind, in einem Klima nachhaltiger Begegnung zwischen Menschen verschiedener Glaubensrichtungen. Mitten in den Umwälzungen haben Menschen einen neuen Sinn gefunden, der sie herausfordert, gründet und festigt, nicht wahr?
Antwort: Ja, das haben sie.

Frage 86: Gab es eine Person in der Vergangenheit, die ein Symbol für den gegenwärtigen Gärungsprozess im Weltchristentum sein könnte, jemand, der

in seiner Antwort auf die Umwälzungen seiner oder ihrer Zeit von unten her auf Kirche und Gesellschaft geblickt hat?
Antwort: Ja, die gab es, und zwar war es Bischof Ajayi Crowther (ca. 1807–1891), der gerade in dem Jahr in Nigeria geboren wurde, als der Sklavenhandel durch das Britische Parlament abgeschafft wurde. Ihre Frage schafft Gelegenheit, ihn das letzte Wort haben zu lassen – was auch sehr passend ist. Crowther wurde als Knabe in seinem Dorf von muslimischen Sklavenräubern geraubt, die ihn an einen Sklavenhändler in Lagos verkauften. Von dort wurde er auf ein Sklavenschiff gebracht, das nach Brasilien gehen sollte. Auf wunderbare Weise wurde er auf hoher See von dem britischen Seeschwadron befreit und in Freetown an Land gebracht, einer Siedlung, die 1787 mit dem Ziel gegründet wurde, befreite Sklaven anzusiedeln. Schnell wuchs Crowther in die Rolle des Anführers der befreiten Afrikaner hinein. Die Rolle eines Kämpfers gegen die Sklaverei sah er für sich als ganz natürlich an, umgeben wie er war von den Verheerungen durch den Sklavenhandel an Westafrikas Umschlagplatz für Sklaven. Er hatte makellose Referenzen dafür als einer, der gerade von den Toten zurückgekehrt war. Den Häuptlingen, die mit den Sklavenhändlern gemeinsame Sache machten, um den Menschenhandel aufrecht zu erhalten, trat er energisch entgegen und beschwor die Worte des alten Propheten: „Um Zions willen will ich nicht schweigen, und um Jerusalems willen will ich nicht innehalten, bis seine Gerechtigkeit aufgehe wie ein Glanz und sein Heil entbrenne wie eine Fackel" (Jes. 62,1). Er leitete die Kampagne zur Abschaffung des Sklavenhandels in Nigeria und reiste aus diesem Grunde weit herum bis weit in seine Achtziger.

Frage 87: Übrigens, der Name Crowther muss doch angenommen sein, stimmt's? Wie auch immer, meine Frage ist: Welche Rolle kann man Crowther in der Geschichte des Weltchristentums zumessen? Hat Crowthers missionarische Berufung Einfluss auf seine Fähigkeit zu kulturellem Einfühlungsvermögen gehabt? Erlaubte ihm sein Verständnis von Religion, inklusiv und andern gegenüber tolerant zu sein? Mir fällt auf, dass ich ihn eher an Standards unserer Zeit zu messen versuche als an denen seiner Zeit, aber das ist nun mal das Risiko, das Sie auf sich nehmen, wenn Sie versuchen, gegenwärtige Verhaltensweisen mithilfe von Beispielen aus der Vergangenheit zu ändern. Sklaverei z.B. ist nicht die brennende Frage für uns wie für Crowther und seine Zeitgenossen, die sich einer anderen Herausforderung gegenüber sahen. Dagegen sind heute kulturelles Einfühlungsvermögen, Vielfalt und Einbeziehen vorrangige Themen für uns und dementsprechend messen wir auch die Vergangen-

heit an ihnen. So bestehe ich auf meiner Frage: Wie kann Crowther vor diesen Maßstäben bestehen?
Antwort: Ja, den Namen hat er von seinem Wohltäter, einem englischen Missionar, angenommen. Durch seine Art der Feldforschung – lange bevor dieser Zweig der Anthropologie wissenschaftlich anerkannt war – hielt Crowther den Lauf der indigenen Entdeckung des Christentums auf einer Karte fest. Er legte ein bemerkenswertes kulturelles Einfühlungsvermögen an den Tag, insbesondere in seiner Pionierarbeit bei der Entwicklung afrikanischer Sprachen, bei interethnischer Zusammenarbeit und bei der Bibelübersetzung - seine Yorubabibel von 1851 war eine der ersten in einer afrikanischen Sprache. Ferner in einfühlsamen Studien über afrikanische Vorstellungen und Bräuche und vor allem in interreligiösen Beziehungen mit Muslimen zu einer Zeit, als das viktorianische Zeitalter diesbezüglich weit weniger aufgeklärt war. Die Muslime jedenfalls ehrten ihn, indem sie ihm den Titel eines islamischen Geistlichen, Imam, verliehen. Ebenso förderte Crowther mit Weitblick protestantisch-katholische Zusammenarbeit auf dem Missionsfeld. Dies tat er beispielhaft, indem er der jungen römisch-katholischen Mission, die damals gerade in Nigeria begann, ein Stück Land schenkte. Auch gemessen an unseren ziemlich empfindlichen Standards war Crowther außergewöhnlich.

Frage 88: Das klingt einleuchtend. Es muss noch andere Afrikaner von Crowthers Format gegeben haben. Ich kann mir vorstellen, dass sie sehr gut aufgenommen wurden in einem viktorianischen Zeitalter, das scharf darauf war, Schwarze zu einem europäischen Surrogat zu machen – nicht dass Crowther sich selbst so gesehen hätte. Die Frage ist: Wie hat die europäische Welt auf solche Erfolgsgeschichten reagiert?
Antwort: Das viktorianische England fühlte sich angegriffen, dass Afrikaner denken könnten, sie wären den Europäern gleich, anstatt den ihnen naturgemäß zustehenden niedrigen Platz einzunehmen. Die vorherrschende Ideologie von minderwertigen Rassen errichtete eine Barriere gegen afrikanischen Fortschritt. Die aufkommende Anthropologie spiegelte diese Ambivalenz wider, indem sie der vorherrschenden kolonialen Ideologie gehörig Rückenwind gab. Als Beispiel für diese ablehnende Haltung nenne ich Sir Richard Burton, einen erfahrenen Reisenden in Afrika und Gründungsmitglied des Königlichen Anthropologischen Instituts in London, und Edward Tylor (1832–1917) der im Westen als Vater der Kulturanthropologie gilt und der erste Universitätsprofessor in Anthropologie in Oxford war. Burton und andere diffamierten Crowther und seine „kreolischen Genossen" als halbgebildete, in Decken gewickelte Barbaren, minderwertige Subjekte, anmaßende und hochnäsige Nigger, ver-

weichlich und degeneriert; deren Krio-Slang ein Mischmasch aus Teilen minderwertiger Dialekte sei und jeglicher Bildung und Zivilisation im Wege stehe, während man doch den „kreolischen Afrikanern", um die es ging, ironischerweise Bildung und Zivilisation gar nicht geben wollte.

Frage 89: Wie um Himmels willen hat Crowther auf diese Verleumdungen reagiert?
Antwort: Crowther ignorierte den ausgeworfenen Köder. Sein ganzes Wesen war Lauterkeit. Freilich war er tief enttäuscht, dass diese persönlichen Beleidigungen die Aufmerksamkeit von dem wichtigen Kampf gegen die Sklaverei und der Mut machenden Aufgabe, die indigene Moral zu verändern, ablenkten. Er bedauerte die persönlichen Angriffe, ertrug sie aber bis zum Schluss mit angeborener Liebenswürdigkeit und Anmut.

Es ist aber instruktiv, die Arbeit eines Anthropologen in Erinnerung zu rufen, dessen Blick auf indigene Kulturen ein gutes Stück positiver war, und zwar meine ich Robert Henry Codrington (1830–1922), einen Zeitgenossen Tylors, dessen Vorlesungen er früher einmal gehört hatte. Er war später Missionar in Melanesien von 1871–1888. Als einer, der sich um die lokale Sprache und Kultur bemühte, war Codrington vorsichtig gegen die haltlosen Verallgemeinerungen seiner anthropologischen Kollegen und machte die Notwendigkeit deutlich, Schreibtischverlautbarungen zurückzuweisen und auf das zu hören, was die Leute selbst über sich selbst sagen. Mit andern Worten: die Notwendigkeit bei kulturanthropologischen Studien Wert auf die Stimme der indigenen Bevölkerung zu legen. Ein Echo fand dies in den Zwanziger Jahren in dem Aufruf Bronislaw Malinowskis (1884–1942) an die Anthropologen, ihre Lehren im Feuer der praktischen Realität zu prüfen. Malinowski hat auch die Technik der „teilnehmenden Beobachtung" erfunden.

Frage 90: Ich verstehe jetzt vollkommen, warum Sie sich dafür engagieren, Einstellungen und Haltungen zu ändern, da ja der Beweis der Fähigkeit schon in Crowthers Tagen Vorurteile nicht überwinden konnte. Und was Sie über ihn sagen, zeigt ihn als eine Gestalt von globaler Bedeutung, „global" jetzt nicht im Sinne der Kontroverse gebraucht. Wie passte Crowther in diese zweifache Identität als Kind Afrikas und als ein engagierter Vertreter einer Religion mit weltweiter Reichweite? Kennen wir genügend Details aus seinem Leben und seiner Arbeit für ein solches Urteil?
Antwort: Crowthers zweifache Identität war ihm sehr dienlich. Sie passte sowohl zu der Rolle, die durch die geschichtlichen Umstände von ihm gefordert wurde, als auch zu seinen natürlichen Gaben. Sein Leben und Werk hal-

fen, die Indigenisierung, die den christlichen Glauben weiter trug und und ihm seine nachwestliche Form gab, ernsthaft voranzubringen. Die Fülle der Details aus seinem Leben, die wir besitzen, zeigt ihn aufgrund seines Berufungsbewusstseins als eine gelebte Verkörperung des Evangeliums, eine Personifizierung des christlichen Glaubens, der die Grenzen aus dem auserwählten Land der westlichen Welt zu seinem neuem Leben in der Völkerwelt überschritten hat. Was wir über sein Leben wissen, erlaubt uns, ja inspiriert uns, die Entstehung des Weltchristentums an einem signifikanten Punkt seines indigenen Anfangs und seiner Anziehungskraft auf die Person des Einzelnen aufzuspüren. Die weltweiten Entfaltungsmöglichkeiten der christlichen Religion wurden von den örtlichen Wurzeln bestätigt, die sie so tief in die Gesellschaft und die persönliche Erfahrung hineingetrieben hatte. Crowther, der dies zeigte, hob sie auf einen neuen Level des nationalen Engagements. Er hatte einen unheimlichen Sinn für die historische Ironie, die darin liegt, dass das Christentum sowohl eine koloniale List zur Ausbeutung der Eingeborenen als auch ein moralisches Instrument für nationale Ermächtigung war. In dieser Ironie wird deutlich, welche umstürzenden Implikationen die lokale Ermächtigung für die koloniale Agenda des christlichen Glaubens hatte. Crowthers Geschichte fügt einen aufrüttelnden menschlichen Zug zu einer Religion hinzu, die voll wildem Herrschaftsgeschrei aufbrach, aber im Vollzug vor Ort zu einer Quelle des Widerstandes gegen Sklaverei und der lokalen Ermächtigung gegen koloniale Unterwerfung wurde. Schon weniger als das wäre genug, uns unsere Einstellungen überdenken zu lassen.

2. Wiederaneignung des christlichen Glaubens: Die Bibel in der Muttersprache

Teil I: Übersetzung und Erneuerung
Das Heilige und das Alltägliche

Ob in der Alltagssprache, im literarischen oder liturgischen Latein: Christen führten Worte und Ausdrücke ein, die aus der gewöhnlichen Sprache und gelegentlich aus dem Griechischen genommen waren. Das Neue kam sowohl in der Sprache als auch in der Ausdrucksweise zum Zuge. Die altlateinischen Bibelübersetzungen, die sich auf die Umgangssprache stützten, beeinflussten Sprachmuster in den christlichen Gemeinschaften, und dieses linguistische Phänomen, das seinerseits die häufig niedrige Herkunft der Bekehrten widerspiegelt, erlaubte ein gewisses Maß an Freiheit innerhalb der Beschränkungen der literarischen Sprache. Ähnlich waren auch Gattungen betroffen. Christliche „Literatur", also Geschichten aus der Bibel, ging mit Themen um, die sich nicht in die klassischen Einteilungen der Rede einfügten. Ihre Ausdrucksform war „niedrig", aber ihr Stoff war „hoch". ... Die Bibel oder ihre Übersetzungen waren bestrebt, Gottes Wort allen zugänglich zu machen, gleichgültig von welchem Bildungsstand. ... Die Mischungen aus klassischem Stil und biblischen Themen beeinflussten die Entwicklung des mittelalterlichen Lateins und der romanischen Sprachen stark.[1]

Wenn er keine Anrufe entgegennimmt, lernt er Französisch, damit er sich mit der Heiligen Therese vom Kinde Jesu und vom heiligsten Antlitz, genannt die Kleine Blume, unterhalten kann, wenn er in den Himmel kommt. Mr. Logan versucht ihm schonend beizubringen, dass er, was das betrifft, vielleicht auf dem Holzweg ist, dass nämlich Latein die Sprache ist, die man im Himmel braucht. Das führt zu einer langen Debatte unter den Pensionsgästen über die Frage, welche Sprache Unser Herr gesprochen hat. Peter McNamee erklärt, dafür komme nur Hebräisch in Frage und Mr. Logan sagt, da könnten Sie recht haben, Peter, weil er nicht dem Mann widersprechen will, der am Freitagabend das Sonntagsfleisch anschleppt. Tom Clifford meint lachend, wir sollten alle

---

1 Brian Stock: Written Language and Models of Interpretation in the Eleventh and Twelfth Centuries, Princeton 1983, S. 22–23

unser Irisch aufpolieren, für den Fall, dass wir dem heiligen Patrick oder der heiligen Brigid begegnen. Alle sehen ihn finster an, alle bis auf Ned Guinan, der zu allem lächelt, weil es einem, wenn man von den Pferden in Kildare träumt, so oder so egal sein kann.[2]

Die Evangelien des Neuen Testaments als die Originalschriften der christlichen Bewegung sind eine Übersetzung der Botschaft Jesu. Das heißt, dass das Christentum eine übersetzte Religion ist ohne eine Sprache, in der die Offenbarung niedergeschrieben wurde. Es geht nicht darum, ob die Christen ihre Heilige Schrift gut oder freiwillig übersetzt haben, sondern um nicht weniger als darum, dass es ohne Übersetzung kein Christentum und keine Christen gäbe. Übersetzung zeichnet das Christentum von Geburt an aus und ist zugleich sein missionarisches Markenzeichen: Ohne sie könnte man die Kirche nicht erkennen und nicht erhalten. Je mehr also die Christen darauf drängen, zu den Ursprüngen ihrer Religion zurückzukehren, desto leichter stolpern sie in den Graben zwischen den unzähligen Sprachen für die Bibel und den Gottesdienst und der Sprache, in der Jesus predigte. Da Jesus die Evangelien weder geschrieben noch diktiert hat, hatten die, die ihm folgten, keine andere Wahl, als seine Botschaft in einer übersetzten Form zu übernehmen. Die missionarische Situation der frühen Kirche machte Übersetzung und damit Interpretation selbstverständlich und notwendig. Mission in diesem Sinne war befreiend; sie abzulehnen wäre ein Rückschritt gewesen.

Wenn wir die frühchristlichen Ursprünge in diesem Licht betrachten, stoßen wir auf einen bemerkenswerten Punkt bezüglich der Religionsgeschichte. Das Christentum scheint einzigartig, indem es tatsächlich die einzige Weltreligion ist, die ohne die Sprache oder die ursprüngliche Kultur ihres Gründers überliefert ist. Zu Beginn der christlichen Bewegung spielte die Schrift in der christlichen Bildung, im Wachstum der Gemeinden und beim Aufbau der Kirche eine entscheidende Rolle. Die apostolischen Briefe, meist unterwegs geschrieben, wurden zum rechten Zeitpunkt zum Maßstab für Unterweisung und Interpretation und waren ein wirksames Mittel, inmitten der entstehenden Vielfalt von Lebensweisen und Schwerpunkten ein Maß der Einheit zu garantieren. Es gab aber auch ein gehöriges Maß an Zersplitterung, wenn rivalisierende oder uneinige Gemeinschaften von Gläubigen für neue Situationen und Begegnungen nach neuen Ausdrucksweisen suchten.

Welche Sprache auch immer, die Christen sahen sich vor der Aufgabe, dem Volk aufs Maul zu schauen und die Botschaft verständlich weiterzugeben und

---

2   Frank McCourt, 'Tis A Memoir, New York 1999, 129 f., übersetzt von Rudolf Hermstein

zu übersetzen. Die allgemeine Regel, dass die Menschen das Recht haben, zu verstehen, was sie gelehrt werden, entsprach der Sicht, dass es bei dem, was Gott sagen wollte, nichts gab, das man nicht in einer einfachen Alltagssprache sagen konnte. Gott wollte die Menschen über die Wahrheit nicht im Unklaren lassen, und so passte sich die Sprache der christlichen Religion dem normalen menschlichen Verständnis an. Die Verkündigung des Evangeliums machte die religiöse Sprache frei vom Hokuspokus und hob die Sprache des gewöhnlichen Volkes.

Christliche Machthaber späterer Jahrhunderte mochten solchen allzu demokratischen, umstürzlerischen Folgen des Übersetzens Widerstand entgegensetzen, da sie sich in ihrer Macht und ihren Kontrollmöglichkeiten bedroht sahen, wenn das Volk Zugang zur Bibel bekam. Aber diesen Interessen zum Trotz war die Notwendigkeit des Übersetzens völlig klar. Solange die Kirche wuchs und sich ausbreitete, ließ sich der Zugang für jedermann nicht völlig unterdrücken. Der christliche Glaube konnte auf Übersetzung nicht verzichten – genau so gut könnte Wasser aufhören, nass zu sein.

So kam es dazu, dass in den Jahrhunderten der Entstehung und Ausbreitung Christen Pioniere für die Entwicklung der Linguistik wurden. Sie schufen Alphabete, Orthographien, Wörterbücher und Grammatiken. Die daraus entstandene Alphabetisierung, mochte sie auch noch so beschränkt sein, brachte soziale und kulturelle Veränderung hervor. Eine Kultur, in der es zum ersten Mal ein Wörterbuch und eine Grammatik gab, hatte nunmehr eine Ausrüstung für Erneuerung und Ermächtigung, auch dann, wenn sie den christlichen Glauben nicht annahm. Die Früchte der Mühe dieser Christen kamen allen zugute. Die Vorzüge einer muttersprachlichen Bildung breiteten sich ohne Vorbedingungen oder Vorbildung aus. Dabei kam es regelmäßig dazu, dass der Zugang für jedermann einen entsprechenden Prozess der Erweckung vor Ort in Gang setzte. Wenn man die lange und gut dokumentierte Geschichte muttersprachlichen Übersetzens im Christentum bedenkt, ist es atemberaubend, zu sehen, wie viel es bei dem Bemühen um muttersprachliches Übersetzen noch zu tun gibt.

Wenn wir dieses Übersetzen in die Muttersprachen beispielsweise dem Muster der islamischen Expansion gegenüber stellen, eröffnet sich uns ein reiches Feld vergleichender Forschung. Im Maß des Einflusses ist der Islam vergleichbar, obwohl er seine Heilige Schrift für den Gebrauch im Gottesdienst und im Gebet nicht übersetzt. Aus diesem Grunde besitzen auch die vielen Übersetzungen des Korans, die es gibt, keine kanonische Autorität. Muslime können Übersetzungen für private Studien gebrauchen, aber nicht für die vorgeschriebenen Handlungen des öffentlichen Gottesdienstes und bestimmt nicht als Ersatz für das Original. Versuche, es anders zu machen, sind gescheitert. Dass der Islam sich so erfolgreich ausbreiten sollte und den Koran trotzdem noch im originalen Arabisch bewahrt, ermuntert zu faszinierenden Betrachtungen über den Unterschied zwischen diesen beiden Religionen und wirft jedenfalls ein helles Licht auf die Freiheit als einen Hauptzug des christlichen Glaubens. Im Gegensatz zum offenbarten Koran der Muslime überlieferten die Christen ihre Heilige Schrift in den Sprachen anderer Völker. So zeigten sie, dass diese Sprachen im christlichen Modell vollwertig sind. Das ist mehr als nur ein taktisches Manöver, um Gläubige zu gewinnen. Eher ist es ein Anerkennen, dass Sprachen einen wesenhaften Anteil an der Verkündigung der göttlichen Botschaft haben. Gott würdigt sie seiner Aufmerksamkeit.

Die Christen gewöhnten sich ziemlich schnell daran, Offenbarung nicht primär in Begriffen des Geheimen und Verborgenen zu denken, auch wenn sie mit delphischen Orakeln und gnostischen Geheimlehren vertraut waren, wie Basilides von Alexandrien bezeugt, vielmehr dachten sie in Begriffen der Koine und der Vulgata, der Sprache auf dem Land und der volkstümlichen Ausdrucksweise. Üblicherweise hat die geheiligte Sprache der Religion die Tendenz, zu mystifizieren, einzuschüchtern, anzuklagen, zu überwältigen und ein Gefühl von Schuld und moralischer Verderbnis hervorzubringen. Ein bekannter Zug von Religionen ist es, in ihren Anhängern die abergläubische Tendenz zu verstärken, das am meisten zu lieben, was sie am wenigsten verstehen. Aufrichtigkeit wurde so im religiösen Leben zu einem flüchtigen Gut.

Mit seinem verständlichen Gebrauch von religiöser Sprache wandte sich Jesus radikal von dieser Tradition ab. Er lehrte seine Jünger, seinem Beispiel zu folgen und eine einfache, direkte Sprache zu sprechen: Eure Rede sei Ja, ja; nein, nein (Matth.5,37), was auch in den Briefen seinen Niederschlag fand (Jak.5,12). Jesus erteilte der gespaltenen Zunge eine Absage. Paulus, dessen Bildung doch auf Geheimwissen beruhte, wurde davon völlig frei, als er sich Jesu Lehre anschloss. Mit lyrischen Worten pries er den allgemeinen, vorurteilsfreien Zutritt (1. Kor.1,17.20; 2,6; 14,6ff.: 2. Kor.1,12). Gott heuchelt nicht, noch schwankt er hin und her, ebenso wenig sollten dies seine Zeugen tun. „Gott ist mein Zeuge, dass unser Wort an euch nicht Ja und Nein zugleich ist." Jesus Christus „war nicht Ja und Nein", sondern „auf alle Gottesverheißungen ist in ihm das Ja" (2. Kor.1,17–20). Paulus erinnert an die Regel, dass bei Gott kein Ansehen der Person, Rasse oder Bildung ist (Röm. 2,11; 3,1; 1. Kor. 1,20). Deshalb gehört zum *Buch* im christlichen Gebrauch Aufrichtigkeit in mündlicher Kommunikation (2. Kor. 1,12) und keine sophistische Auslegung von Texten, was Galen, der griechische Philosoph, kritisch bemerkt. Aufgrund dieser Kritik ließen sich Theologen verleiten, die Kunst des Komplizierten und Abstrusen zu pflegen und – du lieber Himmel! – religiöse Bildung in Nebel zu hüllen, wobei es keinen Unterschied macht, ob sie damit Eindruck schinden oder einschüchtern wollten. Jesus hingegen lehrte, dass die Autorität des Textes nicht zum Vorwand dienen dürfe, den gesunden Menschenverstand aufzugeben. Pilatus brachte die tragische Verbohrtheit, die die Autorität des Geschriebenen bei den Mächtigen hervorbringen kann, zum Ausdruck, als er in schierer Verzweiflung erklärte: „Was ich geschrieben habe, das habe ich geschrieben" (Joh.19, 22). Zu den größten Hindernissen, das Evangelium aufzunehmen, zählte Jesus die geistliche Taubheit, nicht das Analphabetentum (Matth.13, 19ff.); er warf den religiösen Lehrern seiner Zeit vor, den geschriebenen Text zu missbrauchen und die Armen, Einfachen und Unwissenden in die Irre zu führen (Matth.23,13 ff., Luk.11,42 ff.). Das gesprochene Wort, forderte Jesus, sollte gesunder Same sein und mit einem verständigen Herzen aufgenommen werden, eine Regel, die wir mit Gewinn auch auf der Kanzel befolgen sollten. (Das Volk fragte: „Bist du der Christus, so sage es uns frei heraus"<Joh.10, 24>; „Ich habe öffentlich vor der Welt gesprochen ... und habe nichts im Geheimen gesagt" <Joh.18, 20>).

Übersetzung in der Geschichte der Kirche

Der Kirche gelang es in der Zeit zwischen dem Niedergang des Römischen Reiches bis zum Aufkommen der großen Klöster die Flamme der Volksfrömmigkeit lebendig zu erhalten. Rhetorik und Grammatik, manchmal auch Jurisprudenz übten eine Faszination auf die Gebildeten wie Boethius, Cassiodor, Fortunatus, Felicianus, Florentius, Flavius Felix, Coronatus und andere aus, aber die kirchliche Praxis, von asketischer Frömmigkeit inspiriert, ließ die Sprache, die das Volk benutzte, zum Zuge kommen. Gregor der Große (gest. 604) war seiner Herkunft nach Patrizier, kam aber später unter den Einfluss der asketischen Frömmigkeit. 590 wurde er Papst. Gregor pflegte einen einfachen Stil und lehnte die auffallenden Ornamente der Rhetorik, die er als sterile Floskeln betrachtete, ab. Sein Werk brach mit dem klassischen Stil. So war es die asketische Bewegung, die den Bruch mit dem klassischen Stil hervorrief. Indem sie die Kirche zu ihrem Auftrag zurück rief, brachte sie die Kirche zum

Volk zurück.[3] Ihr missionarisches Wesen war es, das die Kirche auf Literatur als ein Mittel der Kultur des Volkes zurückgreifen ließ. Die Kraft, die die lateinische Literatur veränderte und zu neuem Leben erweckte, kam aus Afrika. Es war das Latein von Septimius Severus, einem Vorfahren des Kaisers, von Tertullian, von Cyprian, dessen afrikanischer Name Thascius war, und von Augustin, den Julian von Eclanum den „afrikanischen Weisen" nannte. Das Latein der Christen ließ die Lehren der Rhetorik hinter sich und wurde so in einer angepassten Sprache zugänglich für das Volk. Indem die Kirche für das Volk schrieb, machte sie das späte Latein zu einer lebenden Sprache. Da die Sprache so einfach war, fiel die bestehende normale Trennung zwischen gesprochener und geschriebener Sprache weg. Auch bei der Behandlung wissenschaftlicher Themen bemühte man sich um eine für das Volk verständliche Sprache, wie das Werk Isidors von Sevilla bezeugt. In all diesen Werken gab es nicht den leisesten Versuch, Anschluss an eine heilige Offenbarungssprache wiederzugewinnen oder festzuhalten, denn für den christlichen Glauben gab es keine solche. Cyprian beispielsweise konnte ausführlich über die Eucharistie schreiben, ohne das Wort dafür zu gebrauchen, so ablehnend stand er der griechischen Sprache gegenüber, aus der dieses Wort stammt.

Wenn Christen nicht mehr wissen, welche Sprache Jesus sprach, so ist das entschuldbar. Denn in den langen Jahrhunderten des Übersetzens und der damit verbundenen Einwurzelung in anderen Kulturen wurden fast alle größeren Sprachen und viele kleinere und unbekannte für die Heilige Schrift und den Gottesdienst herangezogen. Deshalb war die Ausgangssprache nur noch schwer zu erinnern. In dieser Vielfalt hatte keine Sprache Vorrang vor einer anderen und niemandem konnte der Zugang zu Gott aufgrund seiner Sprache verwehrt werden. Die Geschichte der Bibelübersetzung hat dieses Gesetz vom universalen Zugang zum Glauben vorangebracht. Manchmal allerdings mit seltsamen Ergebnissen, manchmal auch mit befremdlichen kulturellen Schibboleths, die zweifelsohne Europas Auffassung von seinen Ansprüchen widerspiegelten. Nicht selten auch mit ziemlich naivem Vertrauen auf diese Aufgabe, wie man bekennen muss, aber immer mit Bezug zu den empfangenden Kulturen. Das hat offensichtliche Konsequenzen für die Geschichte der betroffenen Kulturen, gleichgültig, ob sie den christlichen Glauben annahmen oder nicht.

Jedenfalls führten die christliche Praxis und der wachsende historische Abstand dazu, dass die Menschen kaum noch wussten, welche Sprache der

---

3   Henri Pirenne, *Mohammed and Charlemagne*, 1939, Neudruck London 1968, S. 128

Gründer ihrer Religion sprach. Für sie spielte das überhaupt keine Rolle. Im Gegenteil: Sie beanspruchten dieses Privileg für die Sprache, die für sie die natürliche war. So war für die Kirchenväter die griechische Bibel die autoritative Schrift. Daher wurde Hieronymus, der sich bei seiner Bibelübersetzung ins Lateinische mehr auf den hebräischen Text als auf den gängigen griechischen stützte, angegriffen als einer, der die kirchliche Lehre in Gefahr bringe. Als seine Übersetzung des Buches Jona öffentlich vorgelesen wurde, gab es in Tripolis einen Aufstand. Augustin wies ihn auf die Gefahr der Spaltung in den Gemeinden hin, die drohe, wenn seine Übersetzung sich durchsetzen sollte.[4] Aber es war diese Übersetzung, die spätestens seit der Bestätigung durch das Trienter Konzil von 1564 *die* katholische Bibel wurde. Dieser Prozess der Akkulturation wiederholte sich für die englische Sprache mit der Autorisierten Version der Bibel, also der King-James-Bibel. Diese Bibel hatte noch mehr Erfolg, indem sie die zweifelhafte Reputation erhielt, sie sei die einzige Schrift, die Jesus kannte! Für das protestantische Deutschland hatte die Lutherbibel jahrhundertelang eine entsprechende Bedeutung.

Der christliche Glaube hat sich in Englisch, Italienisch, Deutsch, Französisch, Spanisch, Russisch usw. so zu Hause gefühlt, dass wir vergessen könnten, dass das nicht immer so war. Darum müssen wir zugeben, dass die christliche Religion sich in anderen Sprachen genauso zu Hause fühlen könnte, Sprachen wie Amharisch, Geez, Arabisch, Koptisch, Tamil, Koreanisch, Chinesisch, Suaheli, Shona, Twi, Igbo, Wolof, Yoruba und Zulu. Durch unseren Chauvinismus in kultureller Hinsicht sind wir nicht in der Lage, den muttersprachlichen Charakter des christlichen Glaubens zu erkennen. Eine überzeugende Begründung fanden die Übersetzer der King-James-Bibel im 17. Jahrhundert: „Oder ist das Reich Gottes in Wörtern oder Silben erschienen? Warum sollten wir daran gebunden sein, wenn wir doch frei sein können?"

Auch im säkularen Bereich schloss man sich allmählich der durch die Religion entstandenen Sicht an, dass Muttersprachen nicht etwas Unwürdiges sind. Die Tatsache, dass der christliche Glaube eine übersetzte und übersetzende Religion ist, stellt Gott in den Mittelpunkt eines Universums von Kulturen. Das schließt Freiheit und Gleichheit unter den Kulturen ein sowie eine notwendige Relativierung von Sprachen, im Gegenüber zur Wahrheit Gottes. Keine Kultur ist so fortgeschritten und überlegen, dass sie exklusiven Zugang zur Wahrheit Gottes beanspruchen könnte, keine so gering oder minderwer-

---

4   C. White, *The Correspondence between Jerome and Augustine of Hippo*, Lewiston, N.Y., 1990

tig, dass sie ausgeschlossen werden könnte. Alle haben Würde und keine ist unverzichtbar. Die Muttersprache war gerettet.

Es gab Zeiten, in denen Christen aufgrund theologischer Bedenken Bibelübersetzung als Skandal ansahen. Sie übersahen die offensichtliche Tatsache, dass niemand behaupten konnte, dass die Evangelien je in der Sprache Jesu existiert hätten. Heute ist das freilich nicht mehr so, und Bibelübersetzungen in die Muttersprache haben den Weg zur Erneuerung des christlichen Glaubens weltweit geebnet, desgleichen auch für die Art und Weise, wie verschiedene Kulturen sich ausdrücken. Das ist zum Merkmal der christlichen Religion als eines globalen Phänomens geworden. Es zeigt die Notwendigkeit, wie sich Theologie in den Veränderungen neu ausdrücken muss.[5] Die Missionare, die wie Sprachwissenschaftler die Last des Übersetzens schulterten, hatten mit zahlreichen technischen Fragen wie Alphabet, Schrift, Text, Betonung, Orthographie, Grammatik, Semantik, Sprachgebrauch, Kultur und Verbreitung zu kämpfen, alles Themen, die für Spezialisten – das muss man betonen – von großer Bedeutung sind. Aber erst bei der Annahme und Aneignung des Evangeliums durch die indigene Bevölkerung in der nachkolonialen Epoche wurden die Größe und das Ausmaß des Geleisteten offenbar.

Die Konflikte des sechzehnten Jahrhunderts bezüglich der Lehre, die aus der Bibel einen Steinbruch machten, aus dem jede Konfession sich bediente, hat die Bibelübersetzung der modernen missionarischen Bewegung hinter sich gelassen. Sie erweiterte das Erbe des linguistischen Pluralismus und ließ den christlichen Glauben in den Besitz der Menschheitsfamilie gelangen. Durch Bibelübersetzungen war der Name Israel als Stamm, als Nation, als Berufung mit fröhlichen Liedern über das Friedensreich von Zion in aller Munde.

Erstaunlicherweise halten sich jedoch die negativen Einstellungen zur Bibelübersetzung bei religiösen wie nichtreligiösen Menschen. Eine weit verbreitete Einstellung ist die, dass Bibelübersetzung aus unlauteren Motiven entstehe: um Menschen zu bekehren, nicht um den Menschen vor Ort zu helfen. Eine weitere ist die, dass es die Rechte der betreffenden Menschen verletze, wenn Missionare an ihrer Sprache oder Kultur herumpfuschen. Oft erhebt man die Anklage, dass Bibelübersetzungen Kulturen verdürben, indem sie fremde und künstliche Worte und Begriffe einführen. Mit der übersetzten Bibel, so sagen die Kritiker, schlichen sich wieder koloniale Unterdrückung und Ausbeutung in die Kultur der indigenen Bevölkerung ein. Es handele sich um unbefugtes

---

5   In diesem Zusammenhang s. Lawrence Venuti, *The Scandals of Translation: Towards an Ethics of Difference*, London 1998

Eindringen in das, was Menschen lieb und teuer ist. Diese gerechte Empörung lässt den Islam und seinen unübersetzten Koran in einem günstigeren Licht erscheinen. Jedoch scheint die Ablehnung von Übersetzung im Islam dem Recht auf Muttersprache zu widerstreiten, das in der Bibelübersetzung zum Ausdruck gebracht wird. Entweder wird eine Religion durch Übersetzung oder durch Nichtübersetzung zu einer kolonialistischen, jedenfalls nicht durch beides.

Angesichts der starken Gefühle bezüglich Bibelübersetzung und der weit gefächerten Widerstände dagegen scheint es mir nun angebracht, schrittweise vorzugehen. Deshalb will ich auf den Frage-Antwort-Stil zurückgreifen, um Fokus, Richtung, Klarheit, Bewegung und ökonomische Vorgehensweise bei der Darstellung zu ermöglichen.

Teil II: Der Strom und seine Zuflüsse

Katholische und protestantische Sondierungen

Frage 1: Die Verehrung der Bibel ist bei den Protestanten zu einer ideologischen Angelegenheit geworden. Führt dies nicht dazu, dass Bibelübersetzung ein sektiererisches Unternehmen wird? War die Vorstellung des *sola scriptura* der Reformation nicht ein totaler Angriff auf die Römisch-Katholische Kirche? Könnten Bibelübersetzungen diese Kontroverse nicht in andere Gesellschaften hineintragen?

Antwort: Tatsächlich ging es in den Kontroversen der Reformation zentral um die Bibel, obwohl ich nicht glaube, dass alle Gründe für den Bruch mit Rom sich auf die Bibel zurückführen lassen. Denken wir beispielsweise an Erasmus, der in dieser Zeit standhaft das Übersetzen der Bibel verteidigte, dabei aber römisch-katholisch blieb. Was Sie jedenfalls meinen, ist, dass der Anspruch des *sola scriptura* den Geist des Sektierertums in nichtwestliche Gesellschaften hinein verlängert. Meine Antwort darauf ist, dass diese Gesellschaften ihre eigenen, sehr anderen Erfahrungen machen werden, wie es sich auswirkt, dass sie die Bibel übernehmen. Die Bibelübersetzungen bringen in Wahrheit einen größeren Abstand zwischen dem Europa des 16. Jahrhunderts und indigenen Gesellschaften späterer Zeiten zutage. Luther in Deutschland und Crowther in seinem Yorubavolk haben außer der Hingabe daran, die Bibel in der Muttersprache zur Verfügung zu stellen, ziemlich wenig gemeinsam. Aber es stimmt, dass Bibelübersetzung vom 19. Jahrhundert bis in die jüngste Zeit eine Spezialität des Protestantismus geworden ist.

Frage 2: Aber Sie können doch nicht abstreiten, dass das *Sola-Scriptura*-Prinzip falsches Vertrauen in die Bibel als eine Art moralisches Allheilmittel geweckt hat, oder?
Antwort: Das sind zwei Fragen in einer. Das *Sola-Scriptura*-Prinzip hat auf jeden Fall die Aufmerksamkeit auf die Autorität der Schrift gelenkt. Aber die Vorstellung, dass einem die Bibel alles gibt, was man sich wünscht, ist ein anderes Thema.

Sola scriptura führte tatsächlich dazu, dass die Missionare vieles in der Kultur, das nicht direkt mit Bibelübersetzung zu tun hatte, übersahen, und das bewahrte sie vor zu starken Eingriffen in größere kulturelle Prozesse. So ließ man Kommentare und ähnliche Verständnishilfen zur Bibel weg und mit ihnen die intellektuelle Tradition des Westens, die mit der Aufklärung zusammenhängt. Bibelübersetzung erwies sich so als ein Schutzraum für indigene Werte und Vorstellungen.

Bibelübersetzung und die alten Traditionen

Frage 3: Ist es nicht unausweichlich, dass Bibelübersetzung indigene Kulturen verbiegt, da sie ihnen die Beschränkungen einer geschriebenen Bibel auferlegt?
Antwort: Das Gegenteil scheint passiert zu sein: Die Bibelübersetzungen haben die indigene Erzähltradition noch angekurbelt, indem sie Geschichten aus der Bibel hinzugefügt haben, so dass die Neigung zum Geschichtenerzählen, die die mündliche Tradition besitzt, noch gefördert wurde.

Frage 4: Haben Sie denn keine Angst, dass der christliche Glaube durch Übersetzung verdorben wird, wenn man Aberglauben und ungesunden Praktiken Tor und Tür öffnet? Die Übersetzung verrät doch den wahren Geist der Religion, meinen Sie nicht? Man läuft Gefahr, mit der Wahrheit herumzuspielen und sie zu unserm Vorteil zu verdrehen.
Antwort: Ja, ich sehe die Risiken, aber Ihre Frage führt in die Irre. Übersetzung kann doch nur die Rolle der christlichen Religion einnehmen, wenn sie mit ihrem Geist im Einklang steht. Sie betrachten Übersetzung als eine Bedrohung für den etablierten Blick auf die Wahrheit, dann versteht man, warum institutionalisierte Religion, der christliche Glaube eingeschlossen, sich dagegen wehrt. Viele Kirchen in der katholischen und der orthodoxen Tradition haben Übersetzungen unter Androhung von Strafe verboten. Für Protestanten dagegen ist die Schrift ein Text wie jeder andere und sollte auch so behandelt werden. Aber der eigentliche Grund dafür, warum die Frage des Übersetzens nicht zur Ruhe kommt, liegt darin, dass die Christen die Schrift eben nicht in

der Sprache des Gründers ihrer Religion besitzen. Deswegen müssen Neubekehrte die Botschaft in ihrer eigenen Sprache hören. Auch zweitausend Jahre später erscheint der Gedanke eines christlichen Glaubens ohne eine Offenbarungssprache neu; revolutionär und unerhört für Europäer, aufregend und stärkend für neue Gläubige aus der Dritten Welt.
Wir wollen uns dem Thema historisch nähern. Das hilft uns, uns auf die Wirkungen und Konsequenzen dieses Faktums auf Religion und Gesellschaft zu konzentrieren, wahrscheinlich mehr, als wenn wir versuchen im unzugänglichen Geist Gottes eine theologische Absicherung für die Idee des Übersetzens zu suchen - und sie womöglich nicht zu finden. In der Geschichte des Christentums stellt das Übersetzen der Bibel eine revolutionäre Konzeption von Religion dar als etwas, das übertragbar und ambikulturell ist. Dieses Faktum können Menschen zur Kenntnis nehmen, ob sie nun selbst religiös sind oder nicht. Oder wie eine antike Quelle es ausdrückt: Jede fremde Kultur ist Heimat für die Christen, jedes Vaterland Fremde. In der Religionsgeschichte ist das eine neue Wendung. Die Übersetzungsleistung verkörpert und unterstützt das. Die Kirche befindet sich an jedem Ort und zu jeder Zeit in einer übersetzten Umgebung, auch dann, wenn sie selbst keine Übersetzung praktiziert. Pfingsten, das wir als Geburtstag der Kirche bezeichnen, ereignete sich in Jerusalem, nicht in Bethlehem, dem Geburtsort Jesu.

Frage 5: Gut, ich will diese historische Sicht einmal einnehmen und Sie noch einmal fragen, ob Sie nicht glauben, dass die Bibelübersetzung negative soziale Folgen für indigene Kulturen hat, und zwar weil sie ihrer Vorstellungskraft abträglich ist. Eine aufgeschriebene Bibel, auch in Übersetzung, ist zu einengend für schriftlose Kulturen, oder?
Antwort: Nein, gar nicht. Die Bibelübersetzung schreibt in die Vorstellungen der Kultur eine Erzähl- und Weisheitradition hinein, durch welche die Wesensverwandtschaft der mündlichen ethnischen Tradition mit den biblischen Geschichten von Schöpfung, Bundesschluss, Gefangenschaft, Wüste, Leiden, Wiederherstellung, Hoffnung und Fülle vertieft wird. Wenn dann noch die Erschließung der Sprache durch eine Grammatik und ein Wörterbuch hinzukommt, wird die erhöhte Fähigkeit einer Kultur, Verbindungen zu schaffen und zu expandieren, verstärkt. Ohne dies bestünde für die Kultur die Gefahr der Stagnation oder gar des Scheiterns.

Allgemeiner Zugang oder versteckte Werbung

Frage 6: Meinen Sie nicht, dass Sie, soweit es Religion betrifft, einen zu großen Wirbel um die Bedeutung von Übersetzung machen? Sie mag wichtig sein, aber sie ist doch höchstens die Hälfte der Geschichte! Mindestens ebenso wichtig ist es, den Menschen die richtigen Vorstellungen über Gott, Erlösung, Glaubensüberlieferung und Ethik beizubringen. Was sagen Sie dazu?
Antwort: Natürlich, Sie haben Recht, Übersetzung ist nicht alles. Aber sie ist ein notwendiger und ganz wesentlicher Katalysator. Sie liefert die notwendigen Geschichten und Bilder, und eine gute religiöse Unterweisung kann man ohne sie nicht erreichen.

Frage 7: Ich muss Sie auf noch einen Punkt stoßen: Wird uns Übersetzung nicht von den wirklichen Kräften der indigenen Kulturen, ihrem Leben in Kunst, Symbolen, in Riten, Musik, Tanz, Träumen und Heilung ablenken? Vielleicht halten diese Kulturen deshalb so hartnäckig an ihren mündlichen Traditionen fest auch angesichts der Herausforderungen von außen.
Antwort: Ich bin ganz und gar nicht der Meinung, dass Bibelübersetzung ein Ablenkungsmanöver ist, und zwar aus folgendem Grund: Indigene Kulturen beruhen auf der Sprache, die eine lebendige Ressource des gesamten Systems des Lebens ist – in sozialer, wirtschaftlicher, politischer und persönlicher Hinsicht. Ohne ihre Sprache kann eine Gesellschaft nicht überleben, allenfalls als dienende Kultur. Die nonverbalen Systeme des Ritus und der Ästhetik sind Ausdehnungen der Sprache in den Bereich der Vorstellung hinein. In der Sprache finden wir die Schatzkammer der Sprichwörter und Redewendungen, der Grundsätze und Vorschriften.

Frage 8: Da ergibt sich doch unmittelbar die Frage, ob Sie nicht finden, dass Bibelübersetzung nur ein schlaues Lockmittel ist, mit dem die Menschen hereingelegt werden sollen, damit sie ihre Werte und Lebensweise zugunsten einer fremden Religion aufgeben? Bibelübersetzung ist Kulturspionage durch verschlagene und ruchlose Mittel, oder?
Antwort: Nein, das glaube ich nicht. Ich kann mir weniger mühevolle und weniger ungewisse Wege ausmalen, um Menschen dazu zu bringen, ihre Religion zu wechseln. Der Djihad zum Beispiel ist eine erprobte Alternative. Der *Mudjahid* (= Krieger/Gelehrter) hält in diesem Fall alle Karten in der Hand, ohne der anderen Seite etwas zu zuzugestehen, einschließlich der Vorstellung, dass die Sprache des Feindes auch nur irgendeinen Wert für heilige Schriften hat. Eine vergleichbare Tradition gab es in der Kirchengeschichte, als das „Christendom" die Vorstellung vom Wechsel der Religion durch den Djihad

übernahm. Alles, was für ein ganzes Volk zum Religionswechsel nötig war, war der Befehl des christlichen Machthabers. So bekehrte zum Beispiel Karl der Große die Sachsen: Er äußerte ein *fiat* (es soll geschehen), und sie wurden durch seine Soldaten getauft. Wenn es heutzutage solche Voraussetzungen gäbe, würden wir den Feuerwehrschlauch benutzen, nicht Übersetzung. Nein, ich glaube, wenn man Menschen den Glauben aufzwingen will, ist Bibelübersetzung das Letzte, woran man denken würde. Die Erfordernisse der Sprache und der professionellen Studien sowie das Engagement für die lokalen Formen und Gewohnheiten passen nicht damit zusammen, Zwang auf die Menschen auszuüben und das Ergebnis vorher festzulegen. Das linguistische und kulturelle Können, das für das Übersetzen erforderlich ist, bedeutet anzuerkennen, dass geduldiges Zeigen des Anspruchs der Religion und persönliches Überzeugen unabdingbar sind und dass das Ergebnis nicht vorhersagbar ist. Der Weg des Überzeugens – denn das ist es, was Bibelübersetzung ist – bedeutet nicht Ablehnung, sondern Veränderung der alten Werte und Gewohnheiten, so dass die Menschen in ihrem neuen Leben in der Erfüllung ihrer eigenen tiefen Wünsche und Sehnsüchte weiter leben können. Was dabei herauskommt, ist eine Angelegenheit der indigenen Einsicht und des indigenen Urteils.

Frage 9: Haben Sie nicht weiterhin den Verdacht, dass die Bibelübersetzung die Waffe des geistlichen Kolonialismus war, durch die die Missionare den Menschen lügnerisch die Bibel in ihrer Sprache anboten, aber mit dem Ziel, ihnen den ursprünglichen Inhalt ihrer Sprache wegzunehmen? Mission, ich wiederhole mich, war eine kulturelle Invasion, und die Bibelübersetzung war die verdeckte Waffe der Wahl. Habe ich Recht?
Antwort: Sie fragen ja ungeheuer beharrlich, egal, was ich sage. Das Stöhnen der unterworfenen Rassen, die unter dem Joch des von Königin Isabella von Spanien 1503 eingeführten *Encomienda*systems ächzten, verfolgt uns mit Recht weiterhin in allen Darstellungen der Begegnung der Europäer mit nichteuropäischen Gesellschaften in Lateinamerika und anderswo. Auch die Bibelübersetzung wird, wie Sie betonen, von diesem Gespenst verfolgt, obwohl die Methode des Übersetzens eindeutig von der des Eroberns abweicht. Um nun Ihre Frage zu beantworten: Die Klage über Unterdrückung der Eingeborenen wäre gerechtfertigt, wenn europäische theologische Kommentare und Exegese zur Voraussetzung für Bibelübersetzung und muttersprachliche Bildung gemacht worden wären. Denn diese Bücher sind voll von implizit und explizit geäußerten Vorstellungen der intellektuellen Überlegenheit und kulturellen Vorherrschaft Europas. Im Unterschied zur Bibel werden Kommentare für

individuelle Studien konzipiert, nicht zum gemeinsamen Hören oder Miteinanderteilen. Sie repräsentieren eine Voreingenommenheit für die Autorität der Textinterpretation.

Das Schicksal, das die mündliche Kultur erlitten hätte, hätte sich nur wenig unterschieden von einem Zusammenbruch des jeweiligen Volkes, wenn die Muttersprache nicht eingegriffen hätte, um die unbestrittene Herrschaft des Textes in aller Welt zu verhindern. Bibelübersetzung fördert dementsprechend ein Klima von freier Entscheidung und Überzeugung durch Argumente. Genau das versuchte ich beim Thema *Sola Scriptura* zu sagen, wenn Sie sich erinnern (Frage 1+2).

Bibelübersetzung – Zerstörung oder Bewahrung der Kultur?

Frage 10: Ihre Erwähnung von Kommentaren und Exegese erinnert mich daran, dass ich auch den Einwand habe, dass Bibelübersetzung allein zu simpel ist. Sie verlängert ein anachronistisches, vorwissenschaftliches Weltbild über Schöpfung, Jungfrauengeburt, Wunder, leibhafte Auferstehung, das Leben nach dem Tod, Christi Wiederkunft und Jüngstes Gericht als wörtlich zu verstehende Wahrheiten. Beunruhigt Sie ein solch abergläubisches, krudes Bild von der Welt nicht?
Antwort: Offen gesagt: Nein, das tut es nicht. In diesem Punkt bin ich ganz freimütig, wenn Sie erlauben. Was Ihren speziellen Punkt betrifft, so hat es Bibelübersetzung mit der Treue gegenüber Gottes Wort zu tun. Sie ist nicht an dieses oder jenes Weltbild gebunden, und ganz gewiss nicht an eine Darstellung, wie sie bestimmten Eliten entspricht.

Die Aufgabe der Bibelübersetzung selbst wird von der Sicht geleitet, dass Gott Interesse an allen Völkern und ihren Kulturen hat, nicht von der Frage, ob diese Völker unsere Stufe von Fortschritt erreicht haben. Die Völker der Welt haben ein Recht darauf, ihre eigene Sicht der Angelegenheit zu entwickeln. Sie haben sich gerade darüber beklagt, dass die Missionare die Bibel als eine verdeckte Plattform für ihre eigenen Interessen benutzen. Müssten Sie sich dann nicht logischerweise genauso heftig beklagen, wenn wir die Bibel benutzen, um den Vernunftglauben der Aufklärung zu verbreiten? Denn das wäre nicht weniger eine verdeckte Invasion.

Frage 11: Haben Sie denn auf alles eine Antwort? Lassen Sie mich zum Punkt kommen und richtig provozieren. Ich bin bereit zu unterscheiden zwischen den Vorstellungen eines Missionars, die ich zugegebenermaßen nicht mag, und den Vorstellungen der Aufklärung, die ich mag und gerne über die ganze

Welt sich ausbreiten sähe, das können Sie mir glauben. Diese Art von Mission unterstütze ich. Christen können sich meinetwegen als Theologen für die Hermeneutik des Verdachts oder der Befreiung oder welchen großartigen Namen sie dem auch geben wollen, bezeichnen. Von mir aus können Sie das weiterhin als westliches Eindringen in die Kultur kritisieren, aber dabei würden Sie sich in die Defensive begeben und sich auf meinem Gebiet bewegen. Aber springen wir zu einem anderen Thema: Würden Sie denn dem zustimmen, dass Bibelübersetzung nichtschriftliche Gesellschaften massiv benachteiligt, indem sie sie mit der Vorstellung von Religion als einem Buch konfrontiert, einem subtilen Standardisierungscode?

Antwort: Haben Sie denn auf alles eine Frage? Das, was Sie hier sagen, würde nur stimmen, wenn die Bibel nicht mehr als ein allgemeines Handbuch zum Gewinnen eines Wettbewerbs wäre. Sie könnte dann ein bestimmtes Maß vorschreiben, das man dafür erreichen muss. Aber die Bibel ist Gottes Wort, welche wirtschaftlichen Motive auch immer es hinter ihrer Herstellung und Verbreitung geben mag. Indem sie Gottes Interesse und Handeln für die Menschheit darstellt, beschreibt und verkündet sie die Geschichte Gottes und ihre persönliche Verbindung mit den Geschichten der Völker in aller Welt. Die Bibel sorgt für Gemeinschaft, indem sie seelsorgerliche Aufmerksamkeit auf Angelegenheiten der Familie, des Hauses, der Gesellschaft und der Kirche lenkt. Weit entfernt davon, die Welt in einem standardisierten Markt zwischen Gewinnern und Verlierern aufzuteilen, bietet die Bibel grenzenlosen Raum für persönliche Verbesserung und kulturelle Vielfalt. Bei der Bibel handelt es sich nicht darum, mit Absicht ein Buch zwischen den Glauben und uns zu bringen. Sie dient vielmehr zu unserer Vergewisserung, dass wir Gott als jemanden kennen können, der persönlich zu uns spricht und um uns wirbt, nicht als jemanden, der schreibt und uns anonym bedroht. Selbst solche Theologen wie Sie sollten imstande sein, damit zu leben, sollte man meinen.

Frage 12: Sie sind darauf aus, indigene Kulturen zu verteidigen, so viel kann ich sehen. Sind Sie nicht beunruhigt, dass Bibelübersetzungen die Geheimregeln verletzen, die traditionelle Kulturen binden, indem sie geheime Orakel und Chiffren entlarven und so ihre Kraft und Wirkung zerstören? In vielen traditionellen Kulturen ist, wie es in der Gesellschaft der viktorianischen Zeit war, das Wissen der Religion für Frauen und Kinder nicht zugänglich. Und trotzdem ignoriert die Bibelübersetzung solche Tabus, indem sie die Dinge auf Gemeinplätze zum Schleuderpreis reduziert, um möglichst bequeme Verständlichkeit zu erreichen.

Antwort: Schuldig im Sinne der Anklage. Zu meiner Verteidigung muss ich jedoch vorbringen, dass Bibelübersetzungen weniger die Macht der Religion zerstören, als vielmehr diese Macht in die Hände gewöhnlicher Leute legen, ja, speziell von Frauen und Kindern, damit sie all ihre Möglichkeiten ausschöpfen können. Wir sollten uns daran erinnern, dass in der frühen Kirche Priester mit Vorliebe aus den niederen Klassen rekrutiert wurden. Cyprian, der schon als Neugetaufter zum Bischof gewählt wurde, war zwar selbst ein brillianter Redner, aber er berichtet Geschichten von Bischöfen und Klerikern, die Analphabeten waren und so zwar nicht mit den leiblichen Augen lesen konnten, aber sehr wohl durch den Gebrauch der Augen des Geistes die Schrift zu erklären vermochten. Die anonymen Gräber der Christen in den Katakomben von Timgad und Sousse in Nordafrika geben beredtes Zeugnis von der Rolle der einfachen Leute in der Kirche. Sie bewegen uns stärker als die Throne der Mächtigen. Volkstümlicher Sprachgebrauch unter Christen im mittelalterlichen Europa beeinflusste sogar die Art zu reden in der weiteren Gesellschaft, wobei die umgangssprachliche Gattung erfolgreich mit den klassischen Formen wetteiferte. Die Bibel trug dazu bei, eine antielitäre Kultur mit freiem Zugang zu erzeugen, mit einer Vorliebe für Menschen aus den unteren sozialen Schichten.

Frage 13: Das beeindruckt mich nicht. Stellt das Faktum, dass Bibelübersetzung in traditionellen Gesellschaften Wahlmöglichkeiten einführt, wo es vorher keine gab, nicht einen Akt mutwilliger Kulturzerstörung dar?
Antwort: Das klingt wie eine verständnisvolle Frage, ist aber keine, wenn ich so sagen darf. Für das Menschsein und die damit verbundene Verantwortung sind Wahlmöglichkeiten grundlegend. Die Bibel ist keine Kindergartenausrüstung. Leben ist ein Sport mit hohem Einsatz, und Entscheidungen zu treffen gehört dazu von morgens bis abends, von der Wiege bis zur Bahre. Bibelübersetzungen bewahren dieses Faktum, indem sie die Muttersprache zum Ausgangspunkt für Begegnung in der Religion machen. Auch wenn wir in der Frage, was ein akzeptables Ergebnis ist, unterschiedlicher Meinung sind, sollten wir doch darin übereinstimmen, dass Wählenkönnen zum Personsein dazugehört. Gerade dafür steht die Bibelübersetzung.

Ausbreitung des Glaubens – durch Schwert oder Schrift?

Frage 14: Wenn ich darf, möchte ich gern zu Ihren Bemerkungen bezüglich der Umstrittenheit von Bibelübersetzungen auch in Kirchen des Westens zurückkehren (Fr.4) und nachfragen, ob Sie nicht auch der Meinung sind, dass Übersetzen in einer Welt voller Religionen in nicht akzeptabler Weise sektiererisch ist. Für religiöse Traditionen wie den Islam, die ihre Hl. Schrift nicht übersetzen, ist es ein unnötiges Hindernis für das interreligiöse Gespräch. Wenn wir es nicht gänzlich stoppen können, sollten wir es dann nicht wenigstens einschränken?

Antwort: Ich weiß, viele würden lieber die Muttersprachen wegen ihrer großen Vielfalt umgehen, und lieber einen anderen Zugang zum christlichen Glauben finden. Aber der Preis, den dieser Weg fordert, ist zu hoch, weil man den Reichtum der menschlichen Verschiedenheit auf ein Minimum reduziert. Bibelübersetzung geht davon aus, dass man zu Gott auf dem Wege der Muttersprache kommt, ja, dass es in Fragen, die unsere Bedeutung und unsern tiefsten Wert und berühren, lebensnotwendig ist, dass wir Gott durch den Dialekt unserer Herkunft und Familie kennen. Wenn wir als solche, die sich durch Zunge und Rasse unterscheiden, in Gottes Gegenwart kommen, ist das keine gegenseitige Bedrohung. Erst wenn unsere eigene Sprache oder Rasse zu unserm Gott wird, wecken wir den Drachen. Eine auf ein Volk oder eine Sprache begrenzte Religion ist hier eine gefährliche Sache. Um auf den Islam zurückzukommen: Die Tatsache, dass er seine Heilige Schrift für Anbetung und Gottesdienst nicht übersetzt, heißt nicht notwendigerweise, dass die Religion vor sektiererischen Auswüchsen geschützt ist oder dass ihre Fähigkeit, interreligiöse Freundschaft zu schließen, größer ist. Dafür gibt es kein Patentrezept.

Frage 15: Wenn Übersetzung Ihrer Meinung nach so wichtig ist, wie kam es dann, dass eine Religion wie der Islam sich ohne sie so ausbreiten konnte? Ist Ihr Argument damit nicht widerlegt?
Antwort: Das ist eine wichtige Frage, die für die interreligiösen Beziehungen von Bedeutung ist. Ohne die Übersetzung des Korans zum Herzstück seiner Mission zu machen, wuchs der Islam vielmehr gerade aufgrund seiner unübersetzbaren Heiligen Schrift. Jedoch weihten die Muslime im Unterschied zu den frühen Christen ihre Schwerter und den Staat für ihre Mission. Im Islam gibt es keine Trennung zwischen Staat und Kirche, so dass Religion und Herrschaft zusammengehen können, um einander zu fördern und zu schützen. Für die frühen Christen dagegen blieb es bei der Spannung, wenn nicht beim Konflikt zwischen beiden. Verfolgung, nicht Herrschaft war das Normale dieser Zeit.

Frage 16: Und was ist mit den Kreuzzügen im Christentum? Haben Christen nicht Schwert und Staat benutzt, um die Religion zu begünstigen?
Antwort: Die Kreuzzüge waren – viel später übrigens – eine Art *coup d'état* gegen Jesu Lehren, gegen das, was der Koran sein *balagh* nennen würde (Sure 3:42; 54:4). Mit Unterstützung der Kirche blickten die europäischen Königrei-

che auf Jerusalem als Territorium des „gekrönten Erlösers". Die Religion wurde so zur Gerichtsbarkeit oder zur Herrschaft, und die Ermahnung, im Geist des leidenden Gottesknechts den guten Kampf zu kämpfen (1.Tim.6,12; 2.Tim.4,7) und gegen die Mächte und Gewalten (Eph.6,12; Kol.2,15) zu streiten, wurde durch das Hoheitsrecht des Königs, die *vexilla regis,* abgelöst.[6]

Im Gegensatz dazu ist die Djihad-Tradition im Islam weder eine Verirrung noch ein bloßes Instrument des Staates à la Clausewitz, der die Idee des totalen Krieges entwickelte, was gleichbedeutend ist mit Fundamentalismus in Bezug auf den Staat. Djihad ist Ergebung in Gottes Willen, nicht „wie im Himmel so auf Erden", sondern „wie auf der Erde so im Himmel" (Koran 33:36). Für die Muslime der frühen Zeit war er eine zentrale religiöse Pflicht, die durch die Schrift und durch das Verhalten des Propheten vorgeschrieben war (Koran 4:76, 91f., 94f.; 8:70–71; 9:5,29,36,41,122; 47:4; 48:1–3). Im 11. Jahrhundert wurde in Entsprechung zu der muslimischen Lehre vom Djihad ein christliches Konzept von heiligem Krieg entwickelt; Krieg gegen Ungläubige war in den Augen Gottes gerechtfertigt. Das schlug fehl, und nachdem die Kirche durch den unsinnigen Plan, Jerusalem zurückzuerobern, heftige Leidenschaften entfacht hatte, richtete sie sich in der Inquisition gegen die eigenen Leute.

Vielleicht haben Sie es vergessen – aber die Kirche entstand Pfingsten, während der Islam durch die Hidschra, den Auszug aus Mekka, in ein religiöses Staatsgebilde hinein, entstand. Das Jahr der Hidschra (622) ist der Geburtstag des Islams als einer Religion und eines Staates. Saladin (gest. 1193), der Jerusalem 1187 eroberte und während des Dritten Kreuzzuges (1189–1192) verteidigte, berief sich auf die kanonische Tradition des Djihad, um seine muslimischen Genossen gegen die christlichen Ungläubigen aufzubringen. In der muslimischen Welt wurden die Kreuzzüge, die sie übrigens als Frankenkriege bezeichnen, jedoch von einem Ereignis überschattet, das das Imperium des Kalifen bis ins Mark erschütterte: die Invasion der Mongolen unter Dschingis Khan (gest.1227).

An der Tatsache, dass die Christen des Westens auch 1000 Jahre später wegen der Kreuzzüge immer noch Reue zeigen, kann man sehen, dass die Kreuzzüge bis heute eine Beschämung und eine ständige Mahnung für die Kirche sind. Islamische Eroberungen (*futūh*) dagegen werden weder damals noch zu anderen Zeiten als moralische Skandale betrachtet. Sie werden positiv angesehen als Kriege des Schwertes Gottes (sayf al-haqq). Man muss hier

---

[6] Kenneth Cragg, *Am I Not Your Lord? (Alastu bi-rabbikum): Human Meaning in Divine Question* London 2002, S. 100ff.

deutlich darauf hinweisen, dass die Trennung von Staat und Kirche zwar eine Antwort auf die Krise Europas im siebzehnten Jahrhundert gewesen sein mag, die Saat dazu aber durch die Lehre und das Beispiel Jesu selbst gesät wurde (Matth.5,39; 22,21). Eine Katastrophe wie die Kreuzzüge zeigte, wie verderblich es war, von diesen Lehren abzuweichen in einem irregeleiteten Bemühen, zu den Ursprüngen des Christentums zurückzukehren, wie ich zu Beginn sagte. Die Übersetzung der Bibel gehört in eine völlig andere Welt. Man kann vielleicht von einem „Kreuzzug" des Wortes sprechen, wenn überhaupt, aber sicherlich nicht von dem des Schwertes.

Übersetzung – Menschenwort oder Gotteswort?

Frage 17: Ich habe Sie offensichtlich von unserm Thema abgelenkt. Immerhin ist das, was Sie über Djihad und die Ziele der Kreuzzüge sagen, erhellend. Doch um zum Thema zurückzukehren: Sie müssen zugeben, dass Bibelübersetzung nicht so edel ist, wie Sie es beschreiben, sondern von billigen Motiven, nämlich Erfolg und Gewinn, angetrieben wird. Muss man in dieser Hinsicht nicht zugeben, dass sie in vielen Kulturen gescheitert ist? Diese Kulturen haben *grosso modo* jeglicher Konversion widerstanden, obwohl sie eine Bibel in Übersetzung bekommen hatten, Kulturen wie China, Indien, Japan und der Mittlere Osten. Das beweist, dass Übersetzung keine Garantie für Erfolg ist. Man sollte sie aus diesem Grunde besser fallen lassen.
Antwort: Übersetzung, wenn Sie sich erinnern, treibt oder zwingt nicht (Fr.9). Vielmehr bringt sie einen Prozess in Gang, mit Hilfe dessen eine Begegnung mit der christlichen Religion durch die Ausdrucksweise der Muttersprache stattfinden kann. Sie garantiert nicht mehr als das Faktum, dass eine inkulturierte, persönliche Antwort eine notwendige und legitime Basis für moralische und soziale Befähigung zur Selbstverantwortung ist. Übersetzung garantiert keine Massenbekehrungen. Sie lädt argumentierend zur Konversion ein, ohne Gewalt und Tricks. Die Entscheidung für Bekehrung ist Sache der aufnehmenden Kultur, nicht Sache des Übersetzers, welch gute Absicht ihn auch leiten mag.

Frage 18: Führt Bibelübersetzung angesichts der offensichtlichen Zersplitterung und Rivalität der Kirchen nicht zu Sektierertum und naivem Fundamentalismus?
Antwort: Für die Kirchen ist Bibelübersetzung eine außerordentlich horizonterweiternde Erfahrung gewesen. Sie hat ökumenische Zusammenarbeit in einem nie gekannten Maß ermöglicht und die Kirchen über ihre selbst gesetzten,

sicheren Grenzen hinaus getrieben. Sie hat Christen herausgefordert, Menschen zu begegnen, die man für exotisch, fremdartig und weit weg hielt. Sie hat deren Ausdrucksweise, Gebete, Lieder, Musik und Sitten zu einem Teil des Erbes der angewachsenen Glaubensgemeinschaft gemacht. Dass westliche Kirchen in ihren Gesangbüchern eine Auswahl von Anbetungs- und sonstigen Liedern aus anderen Sprachen haben, ist eine Errungenschaft der Bibelübersetzungen. Diese Übersetzungsarbeit hat auf barmherzige Weise dazu beigetragen, die harten Auseinandersetzungen zu mildern, die ein Erbe der innerreligiösen Streitigkeiten Europas und der daraus folgenden nationalen Interessen bei der Kolonisierung waren.

Die Gefahr des Dilettantismus beim Übersetzen der Bibel

Frage 19: Haben Bibelübersetzungen nicht unverantwortlichen Dilettantismus der Kirche heraufbeschworen? Menschen mit wenig Qualifikation für Bibelübersetzung oder geringen Kenntnissen der Bedingungen vor Ort wurden eingesetzt und auf die Leute losgelassen ohne Anleitung und Übersicht und mit geringer Verantwortlichkeit gegenüber der Kirche vor Ort. Können Sie das bestreiten?

Antwort: Nein, und das will ich auch nicht. Die vielen schrecklichen Beispiele von Inkompetenz haben sehr durchwachsene Ergebnisse gebracht. Natürlich waren etliche dieser Fehler mehr durch Ungeschick und nicht etwa mit Absicht entstanden, wie Eugene Nida in seinem Buch *Customs and Cultures* (1954) gezeigt hat: An einem Ort übersetzten Missionare übereifrig Römer 3,23: „Wir haben alle gesündigt und ermangeln des Ruhmes, den wir bei Gott haben sollten", ohne zu bemerken, dass es in der betreffenden Sprache ein exklusives und ein inklusives „Wir" gab. So hatten sie unwissentlich die exklusive Form gewählt und somit übersetzt: „Wir Weißen haben gesündigt ..." Die Dorfbewohner dachten, das bezöge sich auf all das Falsche, das die Weißen in ihrem Land getan hatten, was sie auch ohne dieses überraschende auf die Bibel gestützte Eingeständnis der Weißen wussten. Eine ähnliche Ungeschicklichkeit führte Missionare dazu, dass sie den Satz im Vaterunser „Und führe uns nicht in Versuchung, sondern erlöse uns von dem Bösen" übersetzten: „Und erwisch uns nicht, wenn wir sündigen". Das hatten die Menschen dort schon immer heimlich gedacht und freuten sich nun, dass die Autorität der Bibel auf ihrer Seite war.

Frage 20: Missionare, die freiwillig in eine fremde Kultur gehen, bekommen, was sie verdienen. Haben sie ihre Lektion gelernt und sich verbessert?

Antwort: Sie haben es versucht, aber oft genug ohne Erfolg. Nehmen Sie das Beispiel der Übersetzer, die Probleme, die sie schon im Vorhinein sahen, verhindern wollten. Ein Übersetzer war der Meinung, die Geschichte in 2. Sam.6,20, wo Michal David beschimpft, weil er nackt vor Gott tanzt, solle verbessert werden, um die indiskrete Erwähnung von Nacktheit zu vermeiden. So ließ er David in der Unterhose tanzen.

Ein halbes Jahrhundert lang sagten Missionare oder zumindest dachten sie es: „Der Herr sei mit deinem Geist", ohne zu bemerken, dass sie in Wirklichkeit sagten: „Ja, der Herr sei mit deinem Geist, weil wir ihn nicht haben wollen." Als sie endlich ihren Schnitzer bemerkten, machten die betroffenen Missionare ihren afrikanischen Freunden Vorwürfe, dass sie sie nicht verbessert hatten. Die Afrikaner antworteten, dass sie sich darin gewöhnt hätten, von den Missionaren in ihrer Sprache jede Menge Merkwürdigkeiten zu hören, und sich abgewöhnt hätten, sie zu verbessern. In einer ähnlichen Situation übersetzten Missionare, die keine adäquate Vorbereitung bekommen hatten, den Satz „Gehe ein ins Himmelreich" mit „Geh, setze dich auf einen Stock." Sie waren oft mit unüberwindlichen sprachlichen Hürden konfrontiert.

Frage 21: Hinzu kommt, dass jede Kultur ihre unübersetzbaren Besonderheiten hat. Wie wollen Sie z.B. für die Seehunde jagenden Eskimos „Weide meine Schafe" (Joh.21,15) übersetzen? Das setzt doch eine bäuerliche Kultur mit Viehhaltung voraus. Oder wie sprechen Sie zu vegetarischen Hindus von dem gemästeten Kalb, das geschlachtet wurde?
Antwort: Ja, solche kulturellen Eigenheiten sind allgemein bekannt. Sie gehören zu dem, was einer Kultur ihren unterscheidenden Stempel aufdrückt. Sie bilden eine Herausforderung, die uns immer verfolgt, noch verstärkt durch vorgegebene Normen oder durch das Vorhandensein von frei schwebenden, unreflektierten kulturellen Verhaltensweisen. So haben Kinder, die den Satz darstellen sollten: „In der Angst rief ich den Herrn an" (Ps. 118,5) eine Person mit einem Mobiltelefon gemalt. Ein erfahrener Übersetzer würde in solchen Situationen natürlich erst einmal verschiedene Varianten erproben, bevor er sich für eine endgültige Übersetzung entscheidet.

Frage 22: All das beweist ja zur Genüge, dass Übersetzung im Grunde unmöglich ist, ja, dass Sprache eine wunderbare Waffe ist, um sich gegen ausländische Invasoren zu wehren. Die Entschlossenheit einer Kultur, sich den Versuchen religiöser Eroberung zu widersetzen, können auch Experten in Linguistik nicht überwinden. Trotzdem verteidigen Sie Bibelübersetzung, nicht wahr?

Antwort: Ja, denn trotz solchen Schwierigkeiten ist Übersetzung wesentlich für gelebte Erfahrung und konstitutiv für die Identität des christlichen Glaubens, egal, ob sie gut ist oder nicht. Die Übersetzer der King James Bibel waren sich bewusst, wie fundamental Übersetzung für den christlichen Glauben ist, wenn sie schrieben: „Wir bestreiten nicht, nein, wir behaupten fest und geloben, dass die geringste Übersetzung der Bibel ins Englische, von Männern wie wir auf den Weg gebracht, das Wort Gottes enthält, ja, das Wort Gottes ist: Wie eine Rede des Königs, die er im Parlament gehalten hat, wenn sie ins Französische, Deutsche, Italienische und Lateinische übersetzt wird, immer noch die Rede des Königs ist, obwohl nicht jeder Dolmetscher sie mit derselben Anmut oder möglicherweise nicht so passend im Ausdruck oder so deutlich im Sinn übersetzt hat."

Sowohl die gelungene wie die misslungene Übersetzung wird nach indigenen Kriterien beurteilt. Eine gute Übersetzung nimmt Norm und Maßstab aus der örtlichen Sprache, eine schlechte scheitert gerade an dieser Stelle. So hat Bibelübersetzung einen eingebauten Selbstkorrekturmechanismus durch die Rückmeldung der Leser.

Dass Übersetzung ein Ding der Unmöglichkeit ist *(traduttore traditore - der Übersetzer ist ein Verräter),* stimmt nur in einem oberflächlichen Sinn oder als ironische Zuspitzung. Denn wenn Übersetzung unmöglich wäre und Sprachen gegeneinander exklusiv wären, wären die Menschen dazu verurteilt, in abgetrennten Bantustans zu leben, wobei die schwachen von der Gnade der starken leben würden. Die göttliche Fähigkeit der Sprache, zu verbinden, würde verkehrt in den Grundsatz feindseliger Abgrenzung. Ein solches Schicksal verdienen wir nicht, was auch immer die menschlichen Fehler der Übersetzer sein mögen.

Vielsprachigkeit – ein soziales Problem?

Frage 23: Wenn wir alle diese Argumente einmal beiseite lassen – etwas kann Bibelübersetzung nicht umgehen: die Vielzahl von Sprachen. Es ist unvorstellbar, dass es Ressourcen gibt, um mit der ungeheuren Anzahl von Sprachen fertig zu werden. Das führt dazu, dass man nach praktischen Gesichtspunkten entscheidet, welche Sprachen groß genug sind, den kritischen Punkt zu übersteigen, und welche wirtschaftlich nicht überlebensfähig sind. Tod von Sprachen ist ebenso unvermeidlich wie physischer Tod. Wie berücksichtigt die Bibelübersetzung diese ökonomische Realität?

Antwort: Wir können die Wirtschaftlichkeit von Übersetzungen auf zweierlei Weise betrachten: Zunächst schauen wir auf das Maß dessen, was bereits erreicht ist – was die verfügbaren Geldmittel weit überstiegen hat. Motivation und Können hat eine Menge damit zu tun. Zweitens blicken wir auf die wirtschaftliche Bedeutung der Sprachen, in die übersetzt wird und wurde. Einige Sprachen hatten eindeutig soziale und wirtschaftliche Bedeutung, aber viel mehr Sprachen waren marginal und befanden sich im Abseits. Man kann also sagen, dass die Praxis von Übersetzung nicht unbedingt nach ökonomischen Vorteilen unterschied, selbst wenn die Folgen wirtschaftlich bedeutend waren.

Frage 24: Und was ist mit den politischen Aspekten? Verhindert der unterschiedslose Gebrauch von Sprachen bei der Bibelübersetzung nicht die nationale Einheit und politische Integration? Wie kann ein Land der Dritten Welt mit knappen Ressourcen es schaffen, universalen Zugang zur Bibel zu erlauben, so dass Planung und Umgang mit den Kosten im Rahmen bleiben? Ist es nicht gefährlich, Menschen mit dem Gedanken zu impfen, dass jede Sprache Anspruch auf gleichen Anteil an öffentlichen Mitteln hat? Sind Bibelübersetzer dann nicht Unruhestifter?

Antwort: Man braucht nicht viel, um zu politischer Unterdrückung der Religion anzustacheln, und Ihre Argumentationslinie führt unabsichtlich in diese Richtung. Aber des ungeachtet sollten wir erst mal festhalten, dass die Bibel keine Ware ist, bei der Übersetzung die Rolle eines Hedgefonds spielt. Sie soll nicht nach Marktgesichtspunkten verhökert werden, um möglichst viel Ertrag abzuwerfen. Aber das Problematischste an den Begriffen, die Sie gebrauchen, um Ihre Frage anzubringen, ist der Gedanke, dass der staatlichen Einheit und politischen Integration am besten gedient ist, wenn Unterschiede unterdrückt und sowohl sprachliche Uniformität als auch kulturelle Einheitlichkeit gefördert werden. Dann stellt sich nämlich notwendigerweise die Frage: Wessen Sprache und wessen Kultur sollte die Maßstäbe für Uniformität und Einheitlichkeit setzen?

Vielleicht haben wir einfach verschiedene Meinungen zu diesem Punkt, aber für mich ist plausibel, dass nationale Entwicklung und soziale Verbesserungen am meisten von der reichen Verschiedenheit und Pluralität profitieren, die auf sozialer und sprachlicher Vielfalt beruhen. Die meisten Menschen sprechen bereits mehr als eine Sprache, und Bibelübersetzung trägt dazu bei, dass ein Klima entsteht, in dem diese Praxis gedeiht. Nationalsprachen und die Tatsache, dass sprachliche Vielfalt praktiziert wird, brauchen sich nicht zu widersprechen. Wenn eine Gemeinschaft – die eines Volkes oder einer Religionsgemeinschaft – gedeiht, ist das kein Grund, einförmige Praxis und exklusive Gleichförmigkeit einzurichten. Eine sensible Sprachpolitik darf Sprachen oder Religion nicht dadurch unterdrücken, dass sie beides zu einer bloßen Ware macht.

Bibelübersetzung und die Einheit der Christen

Frage 25: Sie haben sich mehrmals auf die Verbindung zwischen Bibelübersetzung und bestimmten Formen der Praxis in der Gemeinschaft bezogen. Meine Frage ist, ob die Vielfalt der Kontexte der einzelnen Sprachen nicht erst die Voraussetzung für Teilung und Spaltung schafft. Wie können wir auch nur im Entferntesten die Idee ökumenischer Einheit garantieren, wenn wir den unterschiedlichen Sprachen in der Praxis des Glaubens eine so bestimmende Rolle geben?

Antwort: Diese Frage ist in vielem, was wir gesagt haben, versteckt enthalten, und ich freue mich über die Gelegenheit, sie explizit zu behandeln, auch wenn das hier nicht vollständig möglich ist. Am Anfang habe ich erläutert, dass der christliche Glaube eine übersetzte Religion ist, weil schon die Evangelien selbst eine übersetzte Version dessen sind, was Jesus predigte, und dass das missionarische Umfeld der frühen Kirche weitere Übersetzungen notwendig machte. Deren natürliche Folge waren neue Anpassungen des Glaubens. Auf diese Weise hat sich, historisch gesehen, der christliche Glaube über die Welt ausgebreitet und Kulturen durchdrungen, von denen die Mehrzahl noch schriftlos war. Die Bedeutung dieses geschichtlichen Wesensmerkmals wird noch durch die theologische Einsicht unterstrichen, dass der Gott, den wir in den Weihnachts- und Ostergeschichten feiern, ohne Zögern und ohne Einschränkung in der Sprache des Volkes angerufen werden kann. Dafür ist Bibelübersetzung ein Beweis.

Aus dieser theologischen Einsicht folgt, dass kulturelle Einheitlichkeit nicht zum Wesen des christlichen Glaubens gehört. Vielmehr hat er das Gegenteil bei seiner Ausbreitung in der Geschichte empirisch dadurch bewiesen, dass er die unwahrscheinliche Verschiedenheit und Dynamik der Völker der Welt widerspiegelt. Die Pluralität des Christentums ist kein bedauerliches Missgeschick, das durch Lehrstreitigkeiten und Kirchenspaltungen entstanden ist, sondern zeigt die Vielfalt und Unterschiedlichkeit in jeder kirchlichen Tradition. Der Unterschied zu früher besteht darin, dass der weltweite Charakter des christlichen Glaubens diese Pluralität für jede Glaubenstradition ausgebreitet und vertieft hat. Der Fluss steigt nicht höher als die Quelle. So ist auch diese Situation nicht Ausdruck des Scheiterns des Glaubens, sondern der Triumph seiner Übersetzbarkeit. Bibelübersetzung versetzt den christlichen

Glauben heute in die Lage, das kulturelle Eingeschlossensein im Westen zu durchbrechen, um Bewegungen des Wiedererstarkens und der Erneuerung zu schaffen, die die christliche Religion in einen weltweiten Glauben verwandeln. Um dieser neuen Situation gerecht zu werden, müssen sich die Einstellungen gewaltig ändern. Aber wir können dadurch viel gewinnen.

Nachbemerkung zur Übersetzung

Die Tatsache, dass Englisch die Sprache der Verständigung zwischen Menschen der verschiedensten Sprachen geworden ist, führt immer öfter dazu, dass v.a. für neu aufkommende Begriffe kein geeigneter Begriff in der eigenen Sprache entwickelt wird. So wird bspw. der Begriff „empowerment", der in der vorliegenden Übersetzung mit „Ermächtigung" übersetzt ist, häufig als Fremdwort weiter verwendet. Des Öfteren kommt es auch zur Bildung eines neuen Fremdworts auf lateinischer Grundlage, das im allgemeinen Sprachgebrauch sonst nicht existiert. Solche Wörter sind in der vorliegenden Übersetzung:

Christendom	Der Begriff wurde beibehalten, da er in einem spezifischen Sinne verwendet wird (s. S. 28). Am ehesten entspricht ihm das deutsche „Christenheit".
empowerment	Ermächtigung
inclusive	inklusiv
inclusiveness	Inklusivismus (Haltung, die alles einschließen will)
indigenous	indigen, einheimisch
resurgence	Aufschwung, Wiedererstarken, auch mit Wiedererwachen übersetzt
secularism	Säkularismus (Einstellung, die Religion als öffentliche Angelegenheit ablehnt)

Literaturverzeichnis

Das Literaturverzeichnis enthält neben einer Auswahl englischer Titel, die dem Nachweis von Sannehs Thesen dienen, vor allem Titel zur eigenen Weiterarbeit, die leicht erhältlich sind.

Ahrens, Theo, Zur Zukunft des Christentums. Abbrüche und Neuanfänge (Beiheft Interkulturelle Theologie 11), Frankfurt/M. 2009
Barrett, David B., World Christian Encyclopedia. A Comparative Study of Churches and Religions in the Modern World, 2 Bde., Oxford 2002
Baur, John, Christus kommt nach Afrika. 2000 Jahre Christentum auf dem Schwarzen Kontinent, Stuttgart 2006
Bosch, David J., An die Zukunft glauben. Auf dem Weg zu einer Missionstheologie für die westliche Kultur (Weltmission heute 24), Hamburg 1996
Dahling-Sander, Christoph u.a. (Hg.) Leitfaden Ökumenische Missionstheologie, München 2003
Éla, Jean Marc, Mein Glaube als Afrikaner. Das Evangelium in schwarzafrikanischer Lebenswirklichkeit, Freiburg i.Br. 1987
Gensichen, Hans-Werner, Mission und Kultur. Gesammelte Aufsätze, München 1985
Hock, Klaus, Einführung in die Interkulturelle Theologie, Darmstadt 2011
Hollenweger, Walter, Interkulturelle Theologie, 3 Bde., München 1979–1988
Jenkins, Philipp, Die Zukunft des Christentums: eine Analyse der weltweiten Entwicklung im 21. Jahrhundert, Gießen 2006
Ders., Gottes Kontinent? Über die religiöse Krise Europas und die Zukunft von Islam und Christentum, Freiburg 2008
Kallscheuer, Otto (Hg.), Das Europa der Religionen, Frankfurt/M. 1996
Kaufmann, Franz Xaver, Wie überlebt das Christentum? Freiburg 2000
Küster, Volker, Die vielen Gesichter Jesu Christi. Christologie interkulturell, Neukirchen Vluyn 1999
Mbiti, John S., Bibel und Theologie im afrikanischen Christentum, Göttingen 1987
Newbigin, Lesslie, „Den Griechen eine Torheit". Das Evangelium und unsere westliche Kultur, Neukirchen-Vluyn 1989
Osterhammel, Jürgen/Petersson, Niels P., Geschichte der Globalisierung. Dimensionen Prozesse Epochen, München 2003
Sanneh, Lamin, Translating the Message. The Missionary Impact on Culture, New York, 1989
Sanneh, Lamin, Encountering the West. Christianity and the Global Cultural Process, New York
Sanneh, Lamin. „Translation in Islam". In: Encyclopedia of Islam and Muslim Peoples, New York o.J
Sundermeier, Theo (Hg.), Christus, der schwarze Befreier. Ansätze zum Schwarzen Bewusstsein und zur Schwarzen Theologie, Erlangen 1973

Ders., Den Fremden verstehen. Eine praktische Hermeneutik, Göttingen 1996
Sundkler, Bengt,/Steed, Christopher, A History of the Church in Africa, Cambridge 2000
Waldenfels, Hans (Hg.) Theologen der Dritten Welt. Elf biographische Skizzen aus Afrika, Asien und Lateinamerika, München 1982
Wrogemann, Henning, Missionarischer Islam und gesellschaftlicher Dialog, Frankfurt/M. 2006

Zur Vorbereitung junger Freiwilliger auf einen Einsatz im Ausland:
VERKEHRTE WELTEN: Über die Umkehrung der Verhältnisse von Geben und Nehmen: Der weltwärts-Freiwilligendienst als Selbstbehandlung im Kulturkontakt zwischen Deutschland und Südafrika, Verlag: Scientia Bonnensis, 2011
Weltwärts gehen: Über Voraussetzungen, Möglichkeiten und Erfahrungen zum entwicklungspolitischen Freiwilligendienst ‚weltwärts' – ein Beitrag aus Bremen, Verlag: Borda e.V. Bremen Overseas Research and Development Association, 2010
Internationale Freiwilligendienste – Lernen und Helfen weltweit – Infos, Adressen, Tipps, Erfahrungsberichte: weltwärts, Kulturweit, EFD ... Jugendfreiwilligendienst, Diakonisches Jahr, Verlag: Interconnections Verl., 5. Aufl. 2012

Personen- und Sachregister

Ahnenverehrung 51
Bekehrung 7, 30, 41, 43f., 48–52, 57, 95
Bibel 5, 22, 31, 52–54, 57, 61, 77–79, 83–87, 89–92, 95f., 98f., 103
Bibelübersetzung 22f., 31, 35, 41, 50, 52, 61, 66, 74, 77, 82–93, 95–100
Christendom 29, 32, 37, 40, 59, 65, 70, 72, 88, 102
Crowther, Ajayi 73–76, 85
Denomination 18, 40, 70
Exegese 37, 52, 89f.
Huntington, Samuel P. 22
indigen 20, 22f., 28, 30, 34f., 41f., 50, 59, 65–68, 70, 74–76, 84–89, 91, 98, 102

Indigenisierung 30, 54, 70, 76
interkulturell 18, 38, 41, 56, 103
Islam 14, 16, 23, 79, 85, 93f., 103f.
Massai 53f., 56, 70
Mission 20, 25, 53, 55, 60, 74, 78, 89, 91, 93, 103
Missionar 7, 20, 22, 30f., 35, 45, 50, 63, 66f., 74f., 84, 86, 89f., 96f.
Mott, John 14
Name für Gott 10, 22f., 34f., 38, 41, 45, 58, 66, 73f., 82, 84, 91
Pygmäen 48
Riten 17, 46, 88
Säkularismus 17–20, 52, 102
Synkretismus 41, 43
Theologie 7f., 22, 30, 34f., 48, 50, 52f., 55, 66f., 84, 103

»Vergeet om te vergeet, onthou om te onthou« –
»Vergiss das Vergessen, behalte das Erinnern«

Kehrvers von La．F uch

Werner Klän (Hg.)
Mission und Apartheid
Ein unentrinnbares Erbe und seine Aufarbeitung
durch lutherische Kirchen im südlichen Afrikae

Mit einem Geleitwort der Bischöfe Dieter Reinstorf,
Hans-Jörg Voigt und Wilhelm Weber
und Übersetzungen von Marion Salzmann

Oberurseler Hefte Ergänzungsband 13
226 Seiten,
Hardcover, 2013
ISBN 978-3-8469-0132-8

auch als **eBook**

Vergangenheitsbewältigung als Aufgabe: Diese Beiträge zum Thema Apartheid analysieren die gemeinsame Missions- und Kirchengeschichte lutherischer Bekenntniskirchen in Südafrika aus unterschiedlichen Perspektiven – historisch (mit zum Teil erstmals ausgewerteten Quellen), systematisch-theologisch, missionswissenschaftlich. Sie stammen von Zeitzeugen, Mitwirkenden, Betroffenen, Außenstehenden und Nachgeborenen aus Südafrika, den Vereinigten Staaten und aus Deutschland.

Aus dem Inhalt – Contents
Caroline Jeannerat: »Changing the present is not a betrayal of the past«
Werner Klän: Unentrinnbare Zeit-genossenschaft (dt.-engl.)
Daniel L. Mattson: The View from the Center and the Periphery
Radikobo Ntsimane: A critical his-tory of the Lutheran Medical Missions in the time of Apartheid
Dieter Schnackenberg: Die Auswirkung der Apartheid auf das Leben und Handeln der FELSISA und die neuen Herausforderungen, vor die sie seit 1994 gestellt ist
Dieter Schütte: Kirchliche Arbeit in der ELCSA-NT (ELCSA-Hermannsburg) unter den Bedingungen von Apartheid und ihre Nachwirkungen
Volker Stolle: Die Auseinandersetzung der Bleckmarer Mission/Lutherische Kirchenmission in der Bundesrepublik Deutschland mit der Apartheid (dt.-engl.)

Edition Ruprecht

Inh. Dr. Reinhilde Ruprecht e.K., Postfach 1716, 37007 Göttingen
www.edition-ruprecht.de